IMAGES

A Pictorial History of Italian Americans

Cover of a guide for emigrants, published by the Italian steamship line in 1902.

IMAGES

A Pictorial History of Italian Americans

with texts in English and Italian by

Helen Barolini, Betty Boyd Caroli, Ralph Fasanella, Geraldine Ferraro,
Jerre Mangione, Jeno F. Paulucci, Peter Rodino, Jr.,
Andrew Rolle, William Salomone, John J. Sirica, Silvano M. Tomasi,
Joseph Tusiani and Jack Valenti

CMS

Center for Migration Studies
New York

1986

ITALY ITALY Magazine
Rome

The Center for Migration Studies is an educational
nonprofit institute founded
in New York in 1964 to encourage and facilitate
the study of sociological, demographic, historical,
legislative and pastoral aspects of
human migration and ethnic group relations.

*ITALY ITALY magazine is happy to have taken part
in the publication of this second edition
of **IMAGES**, expanded with new and important
black-and-white and color photographs and
with Italian translations of all the texts. We are certain
that the volume will become a milestone in the
historiography of Italian Americans and will help to
make our great community better known
in Italy as well as in America. If we have helped
reach those goals, we will
have had the best possible reward for our efforts.*

Francesco Nicotra
Publisher, ITALY ITALY magazine

IMAGES

A Pictorial History of Italian Americans

Second Edition   Printed in Italy

Copyright 1986 by
The Center for Migration Studies of New York, Inc.
All rights reserved

No part of this book may be reproduced without
written permission from the publisher.

Center for Migration Studies
209 Flagg Place - Staten Island, New York 10304
LC86-13638   ISBN 0-934733-04-X

ACKNOWLEDGEMENTS

IMAGES: A Pictorial History of Italian Americans was prepared
and first published in 1981
by the Center for Migration Studies of New York, Inc.

The Center for Migration Studies extends its gratitude and appreciative thanks
to Silvano M. Tomasi for the concept, research plan
and organization of this volume; to T.J. Marino for his iconographic research
and kind advice in the selection of photographs;
to Andrew B. Brizzolara for his advice on design and composition;
to Olha Della Cava for the identification and location of the photographs
included in this text; to all the research consultants,
Ennio Are, Anna Bujatti, Betty Boyd Caroli, Salvatore J. LaGumina,
Remigio Pane and Gianfausto Rosoli, for their invaluable
assistance; and to Francesco Nicotra, publisher of ITALY ITALY magazine,
and to the members of the magazine's staff,
who have contributed to the realization of this second edition.

The National Endowment for the Arts awarded two grants to CMS in 1977
to support a photographic survey based on historical
photographs documenting the Italian-American experience and to support
a publication on Italian Americans
adapted from these historical photographs.

Editorial and Research Consultants:
*Silvano M. Tomasi (chairman),
Ennio Are, Andrew Brizzolara, Anna Bujatti,
Betty Boyd Caroli, Olha Della Cava,
Salvatore J. LaGumina, T.J. Marino,
Remigio Pane, Gianfausto Rosoli, Lydio F. Tomasi*

Iconographic research: *T.J. Marino*

Photographic production: *Rocco Galatioto*

Design and composition: *Lucretia Beltrone Miele*

Editing and production: *Barbara Costello,
Dolores Galanek, Diana Zimmerman*

Project coordinator: *Lydio F. Tomasi*

Design and production of second edition:
Nadia D'Ottavi and Rocco Spagnolo

Italian translations: *Furio Morroni,
Stefania Nicotra, Nicoletta Zullino*

Advertisement for the Banco di Napoli's services for handling immigrants' remittances back to Italy.

SOMMARIO

Italian Line poster and the postcard the line sent to emigrants' relatives informing them of the ship's safe arrival.

CONTENTS

INTRODUZIONE

Quando Luigi Barzini, padre dell'omonimo scrittore,
arrivò negli anni Venti a New York
per dar vita ad un quotidiano italiano adottò questo motto:
"Seguendo il sol, lasciammo il vecchio mondo".

di BETTY BOYD CAROLI

MENTRE folle di emigranti italiani cominciavano a rivolgersi a Occidente, guardando all'America, gli Stati Uniti si preparavano per l'arrivo di uno dei suoi più famosi abitanti di origine francese, la Statua della Libertà. I versi di Emma Lazarus, incisi su una targa alla base del monumento, recavano una promessa: "Datemi le vostre masse stanche, povere, confuse che agognano di respirare in libertà... Io sollevo la mia lampada vicino alla porta d'oro". Ci volle poco a capire che talora queste parole suonavano false. Eppure la speranza che gli immigrati nutrivano persisteva profonda. Fuggevole come il sole nel suo cammino verso il tramonto ed ugualmente sfavillante ed affascinante, la promessa dell'America abbagliò e al tempo stesso sconcertò coloro che vollero seguirla.

Già molto tempo prima delle celebrazioni del centenario degli Stati Uniti (1876) gli italiani erano stati attratti dal Nuovo Mondo. Attratti dall'enigma del continente e delle sue risorse. Esploratori italiani avevano innalzato molte bandiere in cerca delle Americhe. Cristoforo Colombo, il genovese al servizio di Ferdinando ed Isabella di Spagna, operò la scoperta fondamentale, ma venne ricondotto in Spagna in catene. Giovanni da Verrazzano, il fiorentino al servizio della Francia, stilò resoconti minuziosi ed entusiasti sui popoli indigeni del Nordamerica, ma in seguito ne venne massacrato. Giovanni Caboto contribuì ad armare le navi con cui fece naufragio. Amerigo Vespucci, l'uomo che ha dato il suo nome a due continenti, nella maggior parte dei libri di storia resta una figura in parte misteriosa. Enrico da Tonti, il napoletano con una mano di ferro, venne abbandonato dalla Francia dopo aver aiutato La Salle nell'esplorazione della valle del Mississippi. I padri Saetta e Chino contribuirono a tracciare le mappe della costa occidentale, ma pochi ricordano oggi i loro nomi. La promessa, almeno così sembrava, era

sempre generosa ma le ricompense restavano di fatto incerte.

Quali che fossero le loro delusioni, gli italiani continuarono a prendere parte all'esperimento americano. Quando alcuni coloni fondarono Jamestown, si unirono a loro certi soffiatori di vetro veneziani. Quando si cercarono lavoratori per i campi della Florida, furono gli italiani a rispondere. Dopo aver cercato la libertà di religione prima in Francia e quindi in Olanda, i protestanti seguaci di Pietro Valdo (i valdesi) si stabilirono in Delaware. La guerra d'indipendenza portò altri italiani. Filippo Mazzei, un personaggio enigmatico dapprima vissuto in Inghilterra e in Turchia, acquistò una fattoria nei pressi del "Monticello" di Thomas Jefferson e si infervorò in dibattiti filosofici e agresti col suo famoso vicino di casa. Quando Jefferson ultimò la stesura della Dichiarazione d'Indipendenza aveva già una copia prenotata per Mazzei. Cominciati i combattimenti, gli italiani andarono volontari: Finizzi, Talliaferro, Vigo ed altri.

Nei decenni che seguirono molti italiani uomini e donne risposero alle diverse chiamate. Sacerdoti ed insegnanti arrivarono in America per seguire la propria vocazione. I fratelli Anthony Ravallo e Gregorio Mengarini, insieme a diversi altri, vissero in mezzo agli indiani, istruendoli, mentre essi stessi imparavano da loro. Fratel Joseph Cataldo, dopo aver imparato venti dialetti indiani, si adoperò come paciere nelle controversie fra tribù.

Altri italiani entrarono con successo nella vita culturale del nuovo paese: artisti, architetti. Constantino Brumidi dipinse scene di storia americana nel Campidoglio. Adelina Patti conquistò i cuori con la sua stupenda voce da soprano. Lorenzo Da Ponte insegnò "il parlare italiano" e in seguito contribuì a costruire una sala per concerti dove essi potessero ascoltare quella lingua, cantata. Molti tentativi di trapiantare l'enfasi cul-

INTRODUCTION

When Luigi Barzini, father of the writer of the same name, came to
New York to start an Italian newspaper in the 1920s,
he took as its motto, "Seguendo il sol, lasciammo il vecchio mondo"
(Following the sun, we left the old world).

by BETTY BOYD CAROLI

AS masses of Italian immigrants began to look westward to America, roughly a century ago, the United States prepared for the arrival of its most famous resident, the Statue of Liberty. Emma Lazarus' words, eventually engraved on a plaque at its base, carried a promise: "Give me your tired, your poor, your huddled masses yearning to breathe free ... I lift my lamp beside the golden door!" Little time passed before numerous Italians, and other immigrants, realized that these words often rang hollow. Yet the hope they addressed ran deep. As elusive as the sun in its westward path and equally bright and alluring, the promise of America both bedazzled and bewildered those who followed it.

Long before the United States' first centenary celebration, in 1876, Italians had been drawn to the New World. Attracted by the enigma of the continent and its resources, Italian explorers had carried many flags in search of the Americas. Christopher Columbus, the Genoese serving Ferdinand and Isabella, helped piece together segments of the puzzle to the west, but he was returned to Spain in chains. Giovanni da Verrazzano, the Florentine who served France, wrote elaborate laudatory accounts of the North American natives, by whom he was later butchered. Giovanni the Venetian, better known as John Cabot, helped outfit the ships by which he was drowned at sea. Amerigo Vespucci, the only man to give his name to two continents, remains an elusive individual in most history books. Enrico da Tonti, the Neapolitan with the iron hand, was abandoned by France after helping La Salle explore the Mississippi Valley. Fathers Saetta and Chino helped map the West Coast, but few remember their names. The promise loomed large, it seemed, although the rewards remained uncertain.

Whatever their disappointments, Italians continued to participate in the American experiment. When permanent settlers founded Jamestown, Venetian glassblowers joined them. When a call went out for labor for the Florida fields, Italians answered. After looking for religious freedom in France, and then Holland, the Protestant followers of Peter Waldo (Waldensians) settled in Delaware.

The American struggle for independence drew other Italians. Filippo Mazzei, an enigmatic individual who had lived in both Turkey and England, bought a farm near Thomas Jefferson's Monticello and engaged in debates, both philosophical and agricultural, with his famous neighbor. When Jefferson finished writing the Declaration of Independence, he had a copy reserved for Mazzei. When fighting started in the Revolution, Italians volunteered: Finizzi, Talliaferro, Vigo, and others.

In the decades that followed these years, many Italian men and women responded to different calls. Priests and religious teachers came to America on their own mission. Fathers Anthony Ravallo and Gregorio Mengarini and others lived among the Indians, nursing and teaching, while learning from them. After Father Joseph Cataldo mastered twenty Indian languages, he served as peacemaker in their disputes.

Other Italians concentrated on the cultural life of the new country and how to mold its rich resources into peaceful buildings and enduring art. Costantino Brumidi painted scenes from American history in the nation's Capitol. Adelina Patti won American hearts with her rich soprano voice. Lorenzo Da Ponte taught Americans a parlare Italiano and then helped to build a concert hall so they could hear the language sung.

Many of these efforts to transplant a European emphasis on culture failed, bowing to Americans' thirst for practicality and dollars. These "people of plenty," as one writer called them,

turale europea fallirono: gli americani avevano solo senso pratico e voglia di denaro. "Gente dell'abbondanza", li definì uno scrittore.

Solo poche centinaia di italiani ogni anno arrivavano negli Stati Uniti all'inizio del diciannovesimo secolo, ma tra loro vi fu Giuseppe Garibaldi che risiedette per un breve periodo a New York prima di rientrare in Italia. Il suo padrone di casa e datore di lavoro, Antonio Meucci, avrebbe qualche merito nell'aver inventato il telefono prima di Alexander Graham Bell. Pochi di loro divennero eroi: come Luigi Palma di Cesnola, che si guadagnò la medaglia d'onore del Congresso per meriti nella Guerra Civile, o Costantino Beltrami, che scoprì la sorgente del fiume Mississippi.

Gli italiani arrivavano in America in ordine sparso, quasi goccia dopo goccia. A poco a poco il loro numero aumentò e divennero un torrente. Dal 1900 in poi oltre 100 mila italiani l'anno seguirono il sole nel suo cammino verso Occidente, in direzione degli Stati Uniti d'America.

Ci sono molte ragioni all'origine di questo esodo. Dopo l'unificazione dell'Italia nel 1861, il nuovo governo aveva aumentato le tasse soprattutto nel poverissimo Sud. La siccità, la malaria e i terremoti mietevano la loro parte di vite e di energie. Forse sia il cielo sia gli uomini sarebbero stati più clementi, in America.

I visi nella folla erano nuovi, con accenti meridionali e differenti interessi. Lo spirito d'avventura ancora brillava nei loro occhi ma, prima di tutto, cercavano dollari. Molte storie rimbalzavano nel Regno d'Italia, su quanto c'era da aspettarsi dall'America.

"Che cosa l'America ha significato per me?", disse un vecchio, più di cinquant'anni dopo essere tornato in Italia da New York: "L'America significava pane. C'era sempre pane in America". Era una pretesa modesta, ma importante.

Le permanenze negli Stati Uniti furono spesso brevi. Specialmente se "al paese" c'era la famiglia che aspettava. Il governo italiano incoraggiò l'emigrazione temporanea regolamentando le condizioni di trasporto, facilitando la reintegrazione nella nazionalità italiana e provvedendo a semplificare il trasferimento delle rimesse dai lavoratori in America ai loro familiari rimasti in patria. Il boom dei noli marittimi contribuì a far sì che l'Italia potesse pagare i propri debiti e trovare lavoro per i disoccupati.

"Questa emigrazione temporanea è di estrema importanza per noi" dichiarò un senatore italiano: "E costituirà un beneficio enorme per il nostro paese, se potremo incrementarla". Più della metà di coloro che andarono negli Stati Uniti fecero ritorno in Italia.

Ma gli americani guardavano con scarso favore a questi "uccelli di passaggio". "Essi — dichiarò nel 1891 il senatore Henry Cabot Lodge — non sono venuti qui con l'intenzione di diventare cittadini americani. Il loro unico scopo è di accumulare, attraverso una parsimoniosa, rigida e dannosa economia, una somma di denaro e fare quindi ritorno in patria. Vivono in locali miserabili, come bestie. Il cibo che mangiano è così rivoltante, che darebbe la nausea ad un lavoratore americano".

Il presidente Woodrow Wilson, che non fu mai un grande amico degli immigrati, ascoltò per bene tutte le lamentele a proposito degli italiani che portavano via i dollari dall'America. Alla fine, con imparzialità, sentenziò: "Ma hanno lasciato qui le metropolitane".

Gli immigrati temporanei si ammassarono anche nelle grandi città della costa orientale. Un viaggio fin sulla costa del Pacifico raddoppiava la distanza dall'Italia, eppure fu proprio ad Ovest che il successo sembrò arridere maggiormente agli italiani. Droghieri, pescatori, agricoltori, commercianti di cibi in scatola — tutta gente che lavorava in proprio — raccolsero oro più vero di quello estratto lungo le rive dei fiumi delle Sierre. Nacquero fortune nei settori della viticoltura, dei beni immobili e delle banche: Andrea Sbarboro sperimentò nuovi metodi con la colonia italo-svizzera; i fratelli Gallo dettero vita alla loro azienda vinicola; la "California Fruit Packing Corporation" di Marco Fontana divenne la più importante azienda mondiale del settore; la Banca d'America di A.P. Giannini crebbe fino a diventare la più grossa banca privata del mondo.

Nessuno sa spiegare il perché del successo economico degli italiani sulla costa occidentale. Alcuni esperti hanno messo in evidenza il fatto che non vi fosse un ghetto a bloccarli, e che c'erano gli asiatici a far da capri espiatori al loro posto; altri sostengono che il successo fu dovuto all'arrivo in quelle contrade di italiani del nord, più istruiti, oppure al clima, tanto simile a quello che essi avevano lasciato sulla riviera ligure. Ma, probabilmente, la spiegazione sta in una combinazione di vari fattori.

Nelle grandi città della costa orientale (in cui, dal 1910, si era stabilita quasi la metà di tutti gli immigrati italoamericani) divenne più appariscente la vanità dei loro sogni. Il certificato

cleared and built as though the supply would last forever, forgetting the lack of space and opportunity which had brought many of them to America in the first place. The young country's optimism and closeness to nature appealed to Europeans but it also shocked them.

Nor were American views of Italy clear-cut. Wealthy young men on their "Grand Tour" of the continent considered Italy the high point. American professors praised the dignity of its palazzi, the inventiveness of its music, the timelessness of its art. Yet, when uneducated contadini crossed the Atlantic in search of their dream, they found few recognized their tie to the Mediterranean garden.

Only a few hundred Italians entered the United States each year in the early nineteenth century, but they included Giuseppe Garibaldi, who stayed briefly in New York before returning to Italy. His landlord and employer, Antonio Meucci, gained little credit for inventing the telephone before Alexander Graham Bell did. A few became heroes: Luigi Palma di Cesnola won the Congressional Medal of Honor for service in the Civil War; Costantino Beltrami discovered the source of the Mississippi.

Italians trickled, hardly noticed, into the barrel of arrivals to America. Then, gradually, the numbers swelled to a torrent. By 1900 more than 100,000 Italians each year followed the sun westward to the United States.

Many reasons explain the increasing migration. After the unification of Italy in 1861, the new government increased taxes especially on the poverty-torn South. Drought, malaria and earthquakes took their toll of life and energy. Perhaps both God and man would be kinder in America.

The faces in the swelling crowd were new, with southern accents and different motives. Adventure still shone in their eyes but the primary quest was for dollars. Stories came back to the Kingdom about what to expect.

"What did America mean to me?" one returned immigrant responded more than fifty years after leaving New York. "America meant bread. There was always bread in America." A modest demand, but important to those who made it.

Stays in the United States were often short, especially if families waited back in the paese. The Italian government encouraged temporary emigration by regulating ship conditions, easing resumption of Italian citizenship and providing for easy transmission of funds from workers in America to their families in the Kingdom. The two-way travel helped Italy by keeping its payments in line and by finding jobs for the unemployed.

"This temporary emigration is extremely important to us," one senator proclaimed in Parliament. "It will be an enormous benefit for us if we can increase it." More than half of those who came to the United States returned.

But Americans observed these "birds of passage" less favorably: "They do not come here with the intention of becoming citizens," Senator Henry Cabot Lodge charged in 1891, "their whole purpose of being here is to accumulate by parsimonious, rigid, and unhealthy economy a sum of money and then return to their native land. They live in miserable sheds, like beasts. The food they eat is so revolting it would nauseate and disgust an American workman."

President Woodrow Wilson, never a great friend of immigrants, listened to all the complaints about Italians taking dollars out of the country. Then he replied evenly, "But they left the subways."

Temporary immigrants clung to the large, eastern cities. A trip to the Pacific doubled the distance from Italy. Yet it was in the West that Italian success seemed to come most easily. Grocers, fishermen, farmers, food packers — those who worked for themselves — reaped gold more real than that panned along the rivers of the Sierras. Fortunes were reported in winemaking, banking and real estate. Andrea Sbarboro experimented with Italian Swiss Colony; the Gallo brothers started their own winery. Marco Fontana's California Fruit Packing Corporation became the world's largest operation of its kind; A.P. Giannini's Bank of America grew into the world's largest private bank.

None could explain why Italian gold tended to lie along the West Coast. Some observers pointed to the lack of a ghetto there to hold them back, or to the presence of Orientals to serve as scapegoats in their place. Others claimed it was the earlier arrival of the more educated Northerners who settled there, or perhaps it was the climate, so similar to the one they had left along the Ligurian coast. Probably the explanation lies in a combination of factors.

In the large eastern cities where nearly half of all the Italian-American immigrants lived by 1910, the emptiness of their dreams became more apparent. The country's baptism documents spoke of "all men created equal," but

di nascita dell'America parlava di uomini "creati tutti uguali", ma le offerte di lavoro distinguevano: un dollaro e mezzo al giorno per i bianchi; un dollaro e 25 per i negri; un dollaro e 15 per gli italiani. Ragazzi e ragazze impararono pazientemente a memoria le parole della Dichiarazione d'Indipendenza per far piacere ai loro insegnanti americani, ma capivano che quelle parole non si riferivano a loro. Nelle grandi città la questione degli alloggi non era sottoposta a regole. Esistevano poche leggi e quelle poche potevano essere tranquillamente ignorate dagli avidi proprietari. Le case d'abitazione erano spesso fittate per altri scopi e diventavano pensioni, fabbriche di dolciumi, negozi da fiorista, sartorie. La vita familiare — sottoposta alle nuove tensioni dell'affollamento o della solitudine — ne risentì. Divisi spesso per mesi o anche per anni da poche miglia o dall'Atlantico, molte famiglie dovettero affrontare problemi che non avevano mai avuto nei loro paesi d'origine. Mantenere forte la famiglia aveva un significato speciale per gli italiani ed essi tentarono di farlo quadrare con il loro sogno di successo e, al tempo stesso, di rispetto. I casi di abbandono del tetto coniugale o di adulterio furono sporadici.

I figli degli immigrati andarono a lavorare troppo giovani, per la disperazione degli operatori sociali e di pigri funzionari: "Ma lavorare è meglio che andare a rubare — sostenevano i genitori. — D'altronde è tutto per il bene della famiglia".

I "paesani" pensavano a procurare vecchi, confortevoli legami. Ma questi vincoli di amicizia erano limitati e poco elastici. Anche nella loro imperfezione, i legami con il paese natale costituivano il fondamento di associazioni ed organizzazioni che fungevano da agenzie di collocamento, compagnie di assicurazione, sindacati e circoli ricreativi.

Lontano dalle grandi città nascevano altri problemi. Gli italiani che si avventuravano nelle miniere del Vermont, nelle segherie dello Stato di Washington o nelle fattorie dell'Arkansas trovarono solitudine, isolamento e pregiudizi. Grandi distanze separavano piccole città che, anche se venivano raggiunte, non avevano ciò che gli italiani potevano desiderare: cibi familiari, un bicchiere di vino e notizie dall'Italia.

Per trovare lavoro in posti lontani i lavoratori italiani si affidavano al "padrone". Spesso un profittatore, più raramente un amico, questo agente di collocamento fu quasi sempre necessario. Egli trovava il posto di lavoro, patteggiava

il salario, provvedeva al vitto e all'alloggio, e scriveva le loro lettere ai familiari rimasti a casa. Tutto dietro compenso. Il "padrone" era la banca, il giornale, l'avvocato e il maestro. Senza di lui la diffusione dei lavoratori italiani in tutti gli angoli degli Stati Uniti sarebbe stata molto più difficile. Ma sia nelle grandi città della costa orientale sia in quelle più piccole sperdute nell'entroterra, spesso i lavori recavano con sé il rischio dell'infortunio o anche della morte accidentale.

Un'esplosione in una miniera a Cherry, in Illinois, nel 1909 uccise circa trecento lavoratori italiani. Nessuno conosce il numero esatto delle vittime in quanto, dopo mesi di ricerche, non fu possibile estrarre tutti i cadaveri. In un inglese molto incerto, uno dei sopravvissuti raccontò: "Chiamai il mio compagno, gridai: quella gente lì sta bruciando? Ci scommetto che stiamo per morire come muli". Tre mesi dopo gruppi di italiani sfilavano ancora nelle strade di Cherry per andare a seppellire i loro compagni morti.

Non era passato molto tempo dalla tragedia di Cherry che, un sabato pomeriggio del 1911, in una fabbrica di camicie di New York scoppiò un incendio. Le scale di soccorso dei pompieri riuscirono a raggiungere soltanto il sesto ed il settimo piano dell'edificio, mentre numerose donne in preda al terrore si erano rifugiate sui cornicioni dell'ottavo e del nono piano. Alcune saltarono e altre precipitarono: ne morirono 143. I loro corpi privi di vita rimasero allineati sui marciapiedi delle strade vicine finché i familiari non le vennero a cercare, identificando mogli e figlie attraverso un piccolo gioiello o un abito ridotto a brandelli.

Ma i lavoratori non soffrirono in silenzio. A Lawrence, Massachusetts, nel 1912 guadagnavano meno di nove dollari a settimana quando i datori di lavoro minacciarono di decurtare anche quel salario. Migliaia di operai tessili, comprese molte donne italiane con i loro figli, abbandonarono i posti di lavoro. Per quasi tre mesi rimasero fuori dalle fabbriche accarezzando nel cuore la doppia promessa che li aveva portati in America. Il cartello innalzato da una donna durante lo sciopero espresse al meglio l'idea: "Vogliamo il pane, ma vogliamo anche le rose". Il denaro non era abbastanza, senza il rispetto. Soltanto quando i datori di lavoro fecero concessioni agli scioperanti, i telai ripresero a funzionare.

Il massacro di Ludlow, in Colorado, nel 1914, fu ancora più tragico. Famiglie italiane e

places of employment distinguished: $1.50 for white men; $1.25 for Negroes; $1.15 for Italians. Boys and girls patiently memorized the words of the Declaration of Independence to please their American teachers, but they learned in the schoolyard that it did not apply to them.

Housing in the large cities went unregulated. Few laws applied and those that did could be ignored by greedy landlords. Even adequate apartments creaked under uses for which they were never intended, such as boarding houses and small factories.

Family life suffered under the new strains of crowding and loneliness. Separated often for months or even years by a few miles or the Atlantic, families faced problems they had never confronted in their cohesive native towns. Keeping the family strong meant something special to Italians and they tried to fit it in with their dream of both success and respect. Desertion and illegitimacy remained low.

Immigrant children went to work very young while social workers and truant officers despaired. "But work is better than delinquency," the parents responded. "Besides it is all for the family's good."

Paesani provided comfortable old ties but these bonds of friendship had limits to their elasticity. Even in their imperfection, hometown ties formed the foundation for associations and organizations which served as employment agencies, insurance companies, labor unions and clubs.

Outside the large cities, other problems appeared. Italians who ventured to the mines of Vermont, the lumber camps of Washington or the farms of Arkansas found loneliness, isolation and prejudice. Long distances separated small towns which, even when reached, often lacked what Italians sought: familiar foods, a glass of wine and news from Italy.

To find jobs in remote parts, Italian workers relied on the padrone. Often a scoundrel, but sometimes a friend, this employment agent was almost always necessary. He found jobs, negotiated the pay, furnished food and housing, and wrote their letters home — all for a fee. He was a bank, newspaper, lawyer and teacher. Without him, distribution of Italian labor throughout the United States would have been more difficult.

Whether in the large eastern cities or smaller towns across the continent, jobs often carried the possibility of injury or even death. A mine explosion in Cherry, Illinois, in 1909 killed approximately three hundred Italians. No one knows the exact number because months of excavating could not claim them all. One survivor recounted, in his broken English, "I called to my partner, I yelled, what are those fellows burning up there? I guess we got to die like mules." Italian bands were still marching down Cherry's streets three months later as they went to bury their dead.

Not long after Cherry's tragedy, on a Saturday afternoon in 1911, the Triangle Shirtwaist factory in New York broke out in flames. Ladders went up but they reached only the sixth and seventh floors while frightened women clung to the ledges of the eighth and ninth. Some jumped and others fell. One hundred forty-three died. Their bodies stretched along nearby streets until families could claim them, identifying wives and daughters by a small piece of jewelry or a torn garment.

Workers did not suffer silently. In Lawrence, Massachusetts, they were making less than nine dollars a week in 1912 when employers threatened to decrease even that. Thousands of workers, including Italian women and children, walked off their jobs. For nearly three months they stayed out carefully nursing the two-pronged promise that had brought them to America. One woman's sign put it best: "We want bread, but we want roses too." Dollars were not enough without respect. Only when employers offered concessions did the looms start moving again.

The Ludlow, Colorado, massacre in 1914 brought still more tragedy. Italian and Greek families had already spent a cold winter in tents after being evicted from company houses. On Easter Sunday, the guns fired, killing thirty-three, nearly half of them women and children.

Pazienza may have been the password but protest was in the air. Italians began to join labor unions in larger numbers. Although their critics had charged in the early years that Italians made poor union members, preferring the role of strikebreakers, they showed that when they had the numbers, the skill or the bargaining strength, they joined unions as quickly as anybody. Some became anarchists and Wobblies.

One pervasive attack, never quite repulsed, centered on the relationship between Italians and crime. Their tight family structure, their Sicilian history, even their genes were offered as explanation. But the mystery had a more American solution. When the sale of alcoholic beverages was prohibited by constitutional amendment in 1920, many Americans turned to bootlegging, another form of protest. Some Italians joined in the climb on this illegal ladder of mobility. When violence

greche avevano già trascorso un duro inverno sotto le tende dopo essere state sfrattate dalle abitazioni della compagnia. La domenica di Pasqua i fucili cominciarono a sparare e 33 persone, la metà delle quali donne e bambini, rimasero uccise.

"Pazienza" può essere stata la parola d'ordine, ma la protesta era nell'aria. Gli italiani cominciarono ad aderire in gran numero ai sindacati. Sebbene coloro che li criticavano accusassero gli italiani di non essere stati, almeno nei primi anni, molto sensibili come membri dei sindacati, preferendo non rispettare gli scioperi, essi dimostrarono che quando erano in buon numero, o avevano la professionalità o la forza contrattuale, si iscrivevano al sindacato velocemente, come tutti gli altri. Alcuni di essi divennero anche anarchici o "Wobblies".

Un attacco dilagante, mai completamente arginato, investì gli italiani per i loro presunti rapporti col mondo del crimine. Si cercò di spiegare il fenomeno con gli argomenti più disparati: la struttura compatta della famiglia italiana, la storia della Sicilia, persino con la genetica. In verità la soluzione del mistero è molto più "americana" di quanto non si creda. Nel 1920 la vendita degli alcoolici fu proibita da un emendamento costituzionale, e fatalmente accadde che molti americani si dedicassero al contrabbando, altra forma di protesta. Alcuni italiani si unirono a loro nella salita lungo questa illegale "scala di nobiltà". Quando poi la violenza contrassegnò le lotte per la spartizione delle zone d'influenza fra i contrabbandieri, la stragrande maggioranza degli italiani, rispettosa delle leggi, ne fu orripilata. Ma una propaganda superficiale e irresponsabile decretò che era collegata, in blocco, al crimine.

Gli italoamericani cercarono di difendersi. Non erano essi stessi delle vittime quando estorsioni e corruzione imperversavano nei loro quartieri? Semmai, più terrificante era l'assoluta mancanza di protezione da parte del sistema.

A New Orleans, nel 1891, undici italiani vennero linciati dopo l'assassinio del capo della polizia David Hennessey. Gli autori di questa brillante impresa, "gente del posto", ritennero privo d'importanza il fatto che alcuni di quegli uomini avevano subìto un regolare processo in ordine a quel crimine ed erano stati assolti. Per essi erano state sufficienti le ultime parole sussurrate da Hennessey in fin di vita: "Sono stati i dagoes [gli italiani]".

Il processo che divise la nazione ebbe luogo in Massachusetts nel 1921: Nicola Sacco e Bartolomeo Vanzetti furono condannati a morte in base a prove più che discutibili, per l'uccisione di un ufficiale pagatore avvenuta a Braintree. "Sto soffrendo perché sono un radicale e io sono veramente un radicale; ho sofferto perché sono un italiano e io sono veramente un italiano", disse Vanzetti alla giuria.

Il tempo si è incaricato di dimostrare che aveva ragione. Nel 1977 — a più di mezzo secolo dai fatti — il governatore del Massachusetts, Michael Dukakis, ha dichiarato il 23 agosto Memorial Day di Sacco e Vanzetti. Parole sue: "L'atmosfera del processo e degli appelli era intrisa di pregiudizi xenofobi e di ostilità verso le opinioni politiche non ortodosse... La condotta di molti funzionari coinvolti nel caso gettò seri dubbi sulla loro capacità di condurre la istruttoria e il processo in modo onesto".

Nel passaggio dalla prima alla seconda generazione gli italoamericani cominciarono del resto a capire che nella loro nuova patria il rispetto della persona non era più legato a fattori tradizionali e arcaici come la "considerazione", la potestà paterna, l'età. Valevano nuovi galatei e nuovi codici, e gli anziani videro che i figli se ne stavano appropriando con disinvoltura. La lingua stessa era istruttiva. In Italia, ben educato voleva dire di buone maniere. Ma in inglese, well-educated si riferiva soltanto al numero degli anni passati a scuola.

La Chiesa giocò un ruolo importante come anello di congiunzione tra la vecchia e la nuova realtà sociale. Incluse nei suoi scadenzari le feste che risultavano familiari ai cattolici italiani e affidò il tutto a preti che parlavano la loro lingua. Cementò la solidarietà con battesimi, matrimoni, funerali, ma seppe rendersi utile in moltissimi altri modi. Le parrocchie portavano nomi che erano quelli dei santi patroni e dei paesi lasciati alle spalle, ma simbolicamente erano la soglia fra due mondi contigui, quello vecchio che i padri avevano lasciato e quello nuovo che i figli dovevano far proprio.

Dopo il 1920, nomi italiani cominciarono ad affacciarsi con maggior frequenza nelle cosiddette "liste del successo". In tutti i campi: arte, affari, sport, letteratura, istruzione, spettacolo, politica.

Ma pure il successo sembrò marcato dagli equivoci. Le nuove leggi sull'immigrazione (1920) intorbidarono le acque. Erano basate sul censo delle origini nazionali. Alcune nazionalità

marked struggles for territory, most Italians, who obeyed the laws, were horrified, but publicity branded them all as crime-connected.

Italian-Americans objected that they suffered as victims, too, when extortion and bribery terrified their neighborhoods. More frightening was the lack of protection from the legal system. In New Orleans in 1891, eleven Italians were lynched for the murder of the police chief, David Hennessey. Local residents ignored the fact that some of the men had already stood trial for the crime and had been acquitted. For the lynchers, Hennessey's dying words were sufficient evidence. He had whispered, "The Dagoes did it."

The trial that split a nation occurred in Massachusetts in 1921. Nicola Sacco and Bartolomeo Vanzetti were sentenced to death on questionable evidence for the murder of a paymaster in Braintree. "I am suffering because I am a radical and indeed I am a radical; I have suffered because I was an Italian and indeed I am an Italian," Vanzetti told the jury. And history judged him right. Finally in 1977, more than fifty years after their execution, their families were vindicated when Massachusetts Governor Michael Dukakis declared August 23 Nicola Sacco and Bartolomeo Vanzetti Memorial Day. Dukakis said: "The atmosphere of their trial and appeals was permeated by prejudice against foreigners and hostility toward unorthodox political views ... and the conduct of many officials involved in the case sheds serious doubts on their willingness and ability to conduct the prosecution and trial fairly."

Self-respect did not come easily in such a setting of prejudice and discrimination. "You don't call an Italian a white man?" one labor inspector asked. "No," came the assured reply. "An Italian is a Dago."

New York's longshoremen argued in 1915: "One white man can do the work of two Dagoes."

Respect in America varied, too, between generations, and Italians watched their sons and daughters accept new ways. Often challenging parental authority, they nurtured no special consideration for age.

Even the new language was instructive: in Italy, ben educato had meant well-mannered; here, the English "well-educated" referred to the number of years spent in school. The two seemed often diametrically opposed, Italian parents mused, as they watched children take on manners, attitudes and accents of their American classmates and teachers.

The Church, especially after it included familiar feste and priests who spoke their language, served Italian communities in different ways, bringing people together for baptisms, weddings and funerals. Names of ethnic parishes reflected patron saints and paesi left behind, symbolically representing two worlds: the one their fathers had left and the one their children had adopted.

After 1920 Italian names began to appear more frequently on the success rosters: in the arts, business, sports, literature, education, entertainment and government. Some political scientists claim a thirty-year lag separates the arrival of an immigrant group and its absorption into the mainstream of American politics. Perhaps the sentence had been served, but even success seemed marked by confusion.

American immigration laws of the 1920s added to the confusion. Based on various censuses of national origins, the laws branded some nationalities as inferior and permitted only a few thousand Italians to enter the country each year.

"I did not understand suicide," one wealthy Italian American told Mario Puzo, "until I became successful in the United States."

Confusion reigned over what was expected in this nation of immigrants which preached the melting pot but continued to label by color and ethnic origin: the Jewish writer, the black fighter, the Italian criminal. How open were its Ivy League halls and executive suites to people whose names ended in a vowel?

Developments in Italy cut the flow at the source. Benito Mussolini's March on Rome in 1922 introduced a new government in Italy, one intent on keeping its best workers at home, ready for military and industrial forays of its own choosing. Emigration became more difficult. The Great Depression of the 1930s further sapped the exchange between countries and World War II stopped it almost entirely.

Some of Mussolini's enemies fled il duce so they could criticize his methods or work in freedom. Called the fuorusciti, many came to the United States: Max Ascoli, publisher of The Reporter; Gaetano Salvemini, historian and writer; Enrico Fermi, scientist; Arturo Toscanini, conductor. Carlo Sforza, former Italian Foreign Minister, left the Kingdom of his own volition, replying to Mussolini's attempts to make him

erano di fatto bollate come "inferiori". Per conseguenza, il contingente di italiani ammesso negli Stati Uniti venne ridotto a poche migliaia di unità all'anno.

"Non ho capito il suicidio finché non ho raggiunto il successo negli Usa", ha confessato un ricco italoamericano a Mario Puzo. Una verità lapidaria. Su cosa ci si poteva veramente aspettare in questo grande paese che a parole si definiva crogiuolo del mondo ma nei fatti continuava a etichettare la gente secondo il colore e l'origine etnica, regnava la confusione più completa. Lo scrittore ebreo. Il pugile negro. Il criminale italiano.

Quanto erano aperte le università di prestigio a studenti e professori il cui nome terminava con una vocale?

A un certo punto, le vicende politiche italiane interruppero il flusso migratorio alla sua fonte. Con la marcia su Roma, nel 1922, Mussolini impose all'Italia un regime basato su princìpi radicalmente nuovi. Il dittatore, tra l'altro, intendeva trattenere in patria i lavoratori più validi, per trasformarli all'occasione in soldati. Emigrare divenne molto difficile. Con la grande depressione degli anni Trenta e l'avvicinarsi della seconda guerra mondiale diventò quasi impossibile.

Alcuni avversari di Mussolini presero il largo per poter liberamente organizzare una resistenza contro i suoi metodi e le sue folli intraprese: i fuorusciti. Molti vennero negli Stati Uniti: Max Ascoli, editore de Il Reporter; Gaetano Salvemini, storico e scrittore; Enrico Fermi, scienziato; Arturo Toscanini, direttore d'orchestra; Carlo Sforza, già ministro degli Esteri, lasciò l'Italia nonostante che il Duce volesse affidargli qualche altro onorevole incarico: "L'unica cosa che voglio", disse, "è restar libero; ma è appunto l'unica cosa che Mussolini non può offrirmi".

Gli italoamericani discussero molto su ciò che il fascismo poteva rappresentare per l'Italia. C'era chi sosteneva che il nuovo regime aveva riportato l'ordine e rilanciato l'immagine internazionale del paese, il che agli emigrati poteva soltanto giovare. Ma i più rabbrividirono quando Mussolini firmò il Patto d'Acciaio con la Germania di Hitler.

La seconda guerra mondiale divise le famiglie. Molti padri, in America, persero contatto con la moglie e con i figli rimasti in Italia. Fra i soldati che andavano a combattere in Sicilia, in Calabria, in Campania, c'erano i figli e i nipoti di molti uomini nati laggiù. Usarono il loro scarso vocabolario per comunicare con la gente del posto e con essa divisero fraternamente i loro ranci.

Molti italiani dopo il 1945 raccolsero i pezzi della loro vita e decisero di andare all'Ovest. Il loro numero crebbe gradualmente negli anni Cinquanta, toccò un massimo di 40 mila unità per anno, prima di tornare a scendere.

Nel 1965, una nuova legge sull'immigrazione cambiò le regole, e maggior importanza fu attribuita alla qualificazione professionale, rispetto alla nazionalità, per decidere chi poteva stabilirsi negli Stati Uniti.

L'Italia, unica fra le nazioni europee, ha continuato a mandare un flusso costante di immigrati durante gli anni Settanta, e continua a mandarne negli anni Ottanta, mentre i nuovi americani arrivano ormai assai più dall'Asia e dall'America Latina che non dalla vecchia Europa.

I nuovi immigranti dall'Italia sono indubbiamente più qualificati e preparati di quelli che nell'arco di un secolo li hanno preceduti. Addirittura superano la media nazionale nell'iscriversi all'Università, ma non possono ancora vantare una quota proporzionale di incarichi manageriali e di impieghi commerciali. I vecchi quartieri italiani garantiscono un confronto e una sicurezza che non sono facilmente trasferibili ai quartieri moderni.

Il vecchio mondo, con i suoi scialli neri e i suoi dialetti appassisce, ma quello nuovo non è ancora chiaro. Le feste annuali richiamano meno gente, o si trasformano per rassomigliare alle feste americane. Gli italiani lottano per tenere viva la "gioia di essere" in una terra di gente intenta a "fare".

Nasce un nuovo sogno, incentrato su come costruire una società culturalmente pluralista che consenta eguaglianza a tutti i gruppi etnici senza far cessare la loro individualità; come comporre un ricco mosaico senza prescindere da nessun pezzo.

Nuove riviste ricordano agli italoamericani l'eredità che condividono; corsi nelle scuole e nelle università si occupano di quella storia che era stata lasciata fuori dai libri di testo; organizzazioni di tutti i generi li aiutano nella scoperta di se stessi.

In questo cammino, essi non sono soli. Altri gruppi etnici, arrivati in America con obiettivi simili, si confrontano con lo stesso antico problema che da sempre tormenta l'uomo: come seguire il sole senza lasciare indietro il vecchio mondo.

□

stay: "The only thing I want is to be free; it is the only thing this fellow (Mussolini) cannot give me."

Italians living in the United States discussed what Mussolini meant to the Kingdom. Some claimed he had brought order to a chaotic country and respect to them as individuals, but most shuddered when he aligned with Germany in the Pact of Steel in 1939.

World War II divided families as fathers in America lost contact with wives and children in Italy. Among the soldiers who went to fight in Sicily, Campania and Apulia were sons and grandsons of men who had been born there. They used their small vocabularies to communicate with the local people and they shared their food rations with them. "Before I came to America, I knew all about your candy," one woman said. "I knew there were the round ones (Lifesavers) and the square ones (Charms). The soldiers used to pass them out when I was a child during the war."

This woman was one of many Italians who picked up the pieces of their lives in the postwar period and decided to go West. The numbers climbed gradually in the 1950s and peaked at 40,000 before dropping again. A new immigration law changed the rules in 1965 so that more importance was attached to skills and family relationships than to nationality in determining who could settle in the United States. Italy continued to send a steady stream of immigrants through the 1970s, thus becoming unique among nations. Of the principal supply countries in the early twentieth century, only Italy continued to hold that title into the 1980s when more and more new Americans came not from Europe but from Asia and Latin America.

Although the most recent arrivals seem better prepared than those who preceded them, they have their own confusions. How many of the old ways have to go to claim full membership in this vague club of "Americans"? What rules can be broken? Moving up to better jobs and out to bigger houses seems essential. Yet old Italian neighborhoods provide a comfort and security that does not easily transfer to split-level houses and enormous supermarkets. Italians exceed the national average in deciding to enroll in college, but they have not claimed their share of executive and sales jobs.

The old world, with its black shawls and dialects fades, but the new one is not clear. Annual feste draw fewer people or change to resemble a country fair. Italians strive to keep alive the "joy of being" in a land of people intent on "doing."

A new dream emerges, centered on how to construct a culturally pluralistic society that permits all ethnic groups equality without giving up their individuality; how to form a rich mosaic without destracting from any of the pieces.

The new ethnic consciousness of the Sixties and Seventies, from which the dream received its start, poses many questions for Italian Americans and presents sources for some of the answers. New magazines remind them of the heritage they share; courses in schools and colleges offer instruction in a history that had been left out of the textbooks; organizations of many kinds aid in self-discovery.

Italian Americans are not alone. Other ethnic groups ask the same questions, having arrived in a similar search. Together they confront the old problem which has troubled man since the beginning of time — how to follow the sun without *leaving the old world behind.* □

1

1 e 2. Il ritratto di Amerigo Vespucci (1454-1512), conservato nella Galleria degli Uffizi a Firenze, e quello di Cristoforo Colombo (1451-1506), conservato nel Museo Civico di Como.

ESPLORATORI, MISSIONARI E PIONIERI

di ANDREW ROLLE

MOLTO prima che la massiccia immigrazione degli italiani (con esploratori, preti ed avventurieri) apparisse sulla scena americana, Colombo aveva — naturalmente — scoperto il continente mentre Giovanni da Verrazzano era stato il primo a navigare nelle baie di New York e di Narrangansett. Giovanni e Sebastiano Caboto esplorarono altre zone costiere del New England. Nella parte sudoccidentale dell'America frate Marco da Nizza e padre Eusebio Chino (Kino), che sono di gran lunga meno famosi, stimolarono il primo interesse verso i più remoti possedimenti della Nuova Spagna.

Frate Marco, nel 1539, prese simbolicamente possesso dell'intera attuale Arizona in nome della corona di Spagna. Le sue descrizioni delle mura dorate delle "sette città di Cibola", sebbene imprecise, condussero Coronado ad esplorare il cuore dell'America. Padre Chino — dal 1687 al 1712 — fu uno dei maggiori cartografi e costruttore di missioni. La varietà dei suoi interessi assomigliò a quella di Thomas Jefferson. Le mappe di Chino dimostrarono che la California non era un'isola.

Nel 1791 il capitano Alessandro Malaspina guidò una spedizione scientifica della corona spa-

2

1 and 2. *Portrait of Amerigo Vespucci (1454-1512), in the Uffizi Gallery in Florence, and portrait of Christopher Columbus (1451-1506), in the Civic Museum in Como.*

EXPLORERS, MISSIONARIES AND PIONEERS

by ANDREW ROLLE

LONG before the massive migration of Italians, explorers, clerics, and adventurers appeared on the American scene, Columbus had, of course, discovered the continent, while Giovanni da Verrazzano was the first to sail into New York harbor and Narrangansett Bay. Giovanni and Sebastiano Caboto explored parts of New England's shores. In the American Southwest, Fathers Marco da Nizza and Eusebio Kino (Chino), who are far less well known, stimulated the first interest in New Spain's most remote possessions.

Fray Marco, in 1539, took symbolic possession of the entire region of modern Arizona for the Spanish crown. His descriptions of the golden walls of "the seven cities of Cibola," although inaccurate, led Coronado to explore the American heartland. Father Kino, from 1687 to 1712, was a major cartographer and mission builder whose variety of interests resembled those of Thomas Jefferson. Kino's maps proved that California was not an island.

In 1791 Captain Alessandro Malaspina led a royal Spanish scientific expedition to Califor-

gnola in California e sulla costa del Pacifico. Il suo viaggio intorno al mondo comprese anche la ricerca dei mitici Stretti di Anian che erano ritenuti una via diretta verso le ricchezze dell'Oriente.

Agli inizi del diciannovesimo secolo, altri esploratori laici furono occupati nel tracciare la geografia dell'ancóra selvaggia valle del Mississippi. Tra questi vi furono Giacomo Costantino Beltrami e il conte Francesco Arese. Ancor più verso Occidente una ventina o poco più di missionari Gesuiti — fra i quali padre Gregorio Mengarini, padre Anthony Ravalli e padre Joseph Cataldo (quest'ultimo fondatore della Università Gonzaga) — contribuirono ad aprire la strada verso la parte nordoccidentale dell'America. Questi uomini furono i primi difensori dei diritti dei pellerossa e compilarono, fra l'altro, grammatiche e dizionari delle oscure lingue locali.

Molti altri italiani dettero un primo contributo allo sviluppo della vita e delle istituzioni americane. Fra questi vi furono educatori, scultori, agricoltori, cantanti d'opera e musicisti. La immagine che tutti questi pionieri hanno lasciato di sé è improntata a fede, tenacia e fantasia creatrice. □

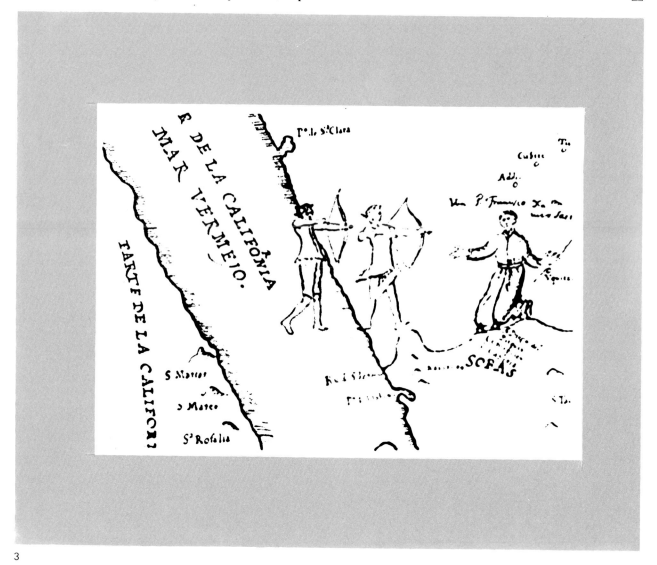

3

3. Il martirio del siciliano padre Francesco Saverio Saetta nel 1695 come venne disegnato da padre Chino su una mappa dell'attuale Arizona.

3. *Martyrdom of the Sicilian Father Francesco Saverio Saetta in 1695, as drawn on Father Chino's map of what is today Arizona.*

nia and the Pacific Coast. His round-the-world voyage featured a search for the mythical Straits of Anian, believed to be a direct route to the riches of the Orient.

Early in the nineteenth century, other secular explorers were busy describing the geography of the still untamed Mississippi Valley. These included Giacomo Costantino Beltrami and Count Francesco Arese. Farther west a score or more of Jesuit missionaries, among them Fathers Gregorio Mengarini, Anthony Ravalli and Joseph Cataldo (founder of Gonzaga University), helped to open up the American Northwest. These were the early advocates of the rights of Indians, compiling grammars and dictionaries of obscure native tongues.

Many other Italians offered an early contribution to the development of American life and institutions. These included educators, sculptors, agriculturists, opera singers and musicians. The image that all these pioneers imparted was one of faith, creativity and imagination. □

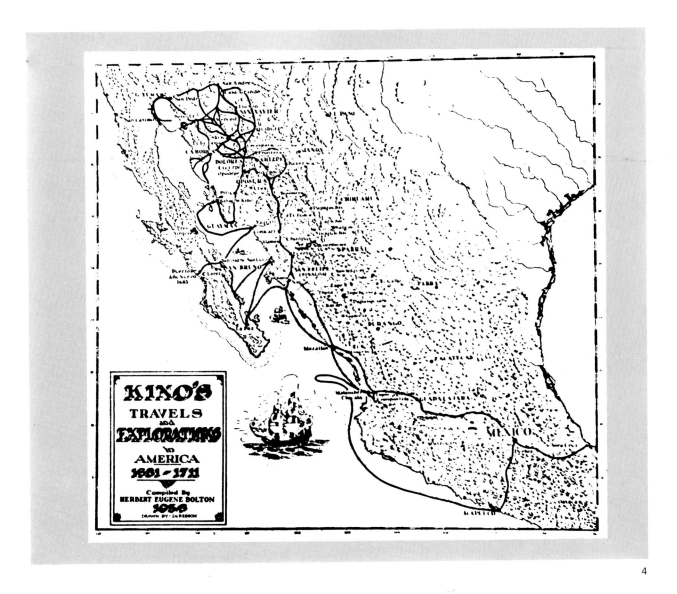

4

4. Padre Eusebio Francesco Chino esplorò la parte sudoccidentale degli Stati Uniti e contribuì a tracciare le mappe della regione.

4. *Father Eusebio Francesco Chino explored the Southwest and helped map the region.*

7. Copertina della prima edizione del 1884 del libro di Charles A. Siringo, cowboy italo-irlandese che passò tutta la vita nelle praterie del lontano West. Siringo diceva di se stesso: "Mio padre, che morì quando io avevo un anno appena, era nato sotto il sole italiano, mentre la mia vecchia mamma veniva dalle paludi irlandesi. Per Bacco, sono o non sono un miscuglio saporito e bizzarro?".

7. *The cover of the first edition (1884) of a book by Charles A. Siringo, who said of himself: "My father, who died when I was only a year old, came from the sunny clime of Italy, while my dear old mother drifted from the bogs of good 'old' Ireland. Am I not a queer conglomerate — a sweet-scented mixture indeed?"*

5. Giacomo Costantino Beltrami (1779-1855), scopritore delle sorgenti del Mississippi, visto da Enrico Scuri, Accademia Carrara, Bergamo.

5. *Giacomo Costantino Beltrami (1779-1855), discoverer of the source of the Mississippi, in a portrait by Enrico Scuri, Accademia Carrara, Bergamo.*

6. Frontespizio di un libro di Beltrami, in cui sono raccontati i suoi viaggi avventurosi in Europa e, soprattutto, in America.

6. *Title page of a book by Beltrami.*

A

PILGRIMAGE

IN

EUROPE AND AMERICA,

LEADING TO

THE DISCOVERY

OF

THE SOURCES OF THE MISSISSIPPI AND BLOODY RIVER;

WITH A DESCRIPTION OF

THE WHOLE COURSE OF THE FORMER,

AND OF

THE OHIO.

BY J. C. BELTRAMI, Esq.

FORMERLY JUDGE OF A ROYAL COURT IN THE EX-KINGDOM OF ITALY.

LONDON:
PRINTED FOR HUNT AND CLARKE,
YORK STREET, COVENT GARDEN.
1828.

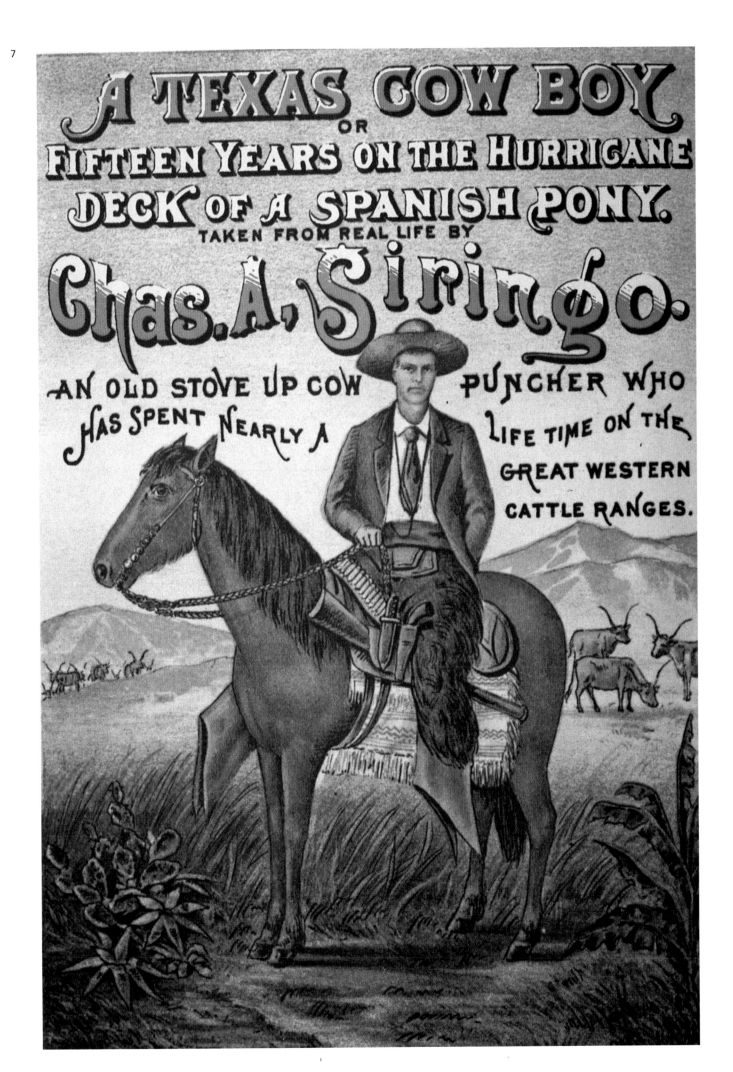

8. La Comunione della domenica di Pasqua nella missione di St. Mary a Stevensville, nel Montana. Siamo alla metà del diciannovesimo secolo.

8. *Communion on Easter Sunday at St. Mary's Mission, Stevensville, Montana, in the mid-19th century.*

9. La cappella e l'abitazione di Padre Ravalli, nella missione di St. Mary. Ravalli, un gesuita italiano, fu mandato in questa missione del Montana occidentale nel 1854, per operare fra gli indiani della tribù delle Teste Piatte.

9. *Chapel and living quarters of Father Ravalli at Saint Mary's Mission. In 1845 Ravalli, an Italian Jesuit, was sent to this mission among the Flathead Indians in what is now western Montana.*

AT THE END *of the*
SANTA FE TRAIL

SISTER BLANDINA SEGALE

10 e 11.   Copertina del libro e fotografia di Suor Blandina Segale, una ligure che si unì alle Sorelle della Carità di Cincinnati e fondò la prima scuola di Santa Fe. Nel suo libro "Alla fine della pista di Santa Fe", Suor Blandina racconta con toni accesi il suo storico incontro con Billy the Kid.

10 and 11.   *Cover of her book and photo of Sister Blandine Segale, a native of Liguria who joined the Sisters of Charity in Cincinnati and established the first school in Santa Fe. Her encounter with Billy the Kid is vividly narrated in* At the End of the Santa Fe Trail.

The Original College of San Francisco.

12

12.   Il vecchio College di San Francisco, oggi Università, fu fondato, come anche la Università di Santa Clara, da gesuiti italiani.

12.   *The original College of San Francisco, now the University of San Francisco. Like the University of Santa Clara, it was founded by Italian Jesuits.*

13

13. Il presidente Lincoln passa in rassegna la "Garibaldi Guard", 4 luglio 1861. Da notare la bandiera italiana con la scritta "Dio e Popolo", che era stata issata sulle mura romane durante la sfortunata Repubblica Romana (1849).

13. *The Garibaldi Guard being reviewed by President Lincoln, July 4, 1861. Note the Italian flag with the words "Dio e Popolo" (God and the People) which had flown over the Roman battlements during the ill-fated Roman Republic in 1849.*

14. Manifesto per il reclutamento nella Garibald Guard durante la guerra civile. Molti immigrati si unirono sotto la bandiera dell'Unione. Alcuni di loro avevano già combattuto in Italia nella guerra d'Indipendenza.

14. *Civil War recruiting poster for the Garibaldi Guard. Many immigrants rallied to the Union cause. Some of them had previously taken part in the wars for Italian independence and unification.*

15. "L'Apoteosi di George Washington", grande affresco sulla voltà del Campidoglio a Washington. Fu dipinto da Costantino Brumidi, un romano che lavorò per diversi anni in Vaticano prima di emigrare negli Stati Uniti nel 1892.

15. *The Apotheosis of George Washington, grand fresco decoration in the dome of the Capitol in Washington, D.C. It was painted by Costantino Brumidi, a native of Rome, who worked for several years in the Vatican before emigrating to the United States in 1852.*

16. Cartolina commemorativa di Francis Vigo, eroico volontario italiano della Rivoluzione Americana, che morì a Vincennes, nell'Indiana, nel 1779.

16. *United States commemorative post card of Francis Vigo, valiant Italian volunteer in the American Revolution, who died in Vincennes, Indiana, in 1779.*

17

17. "Il figurinaio", dipinto ad olio di Antonio Piccinni (1846-1920), Pinacoteca Provinciale Bari. La tradizione dei "figurinai" (scultori e venditori di statuette di marmo e di gesso) contribuì a diffondere oltre oceano i simboli della cultura italiana.

17. *Il figurinaio, painting in oil by Antonio Piccinni (1846-1920), Provincial Picture Gallery, Bari. The tradition of the "figurinai" (sculptors and vendors of marble and plaster figurines) helped to spread the symbols of Italian culture abroad.*

18. Figurinai italiani al lavoro nella città di New York, 1869.

18. *Italian "figurinai" at work in New York, 1869.*

19. Pagina pubblicitaria di un salsicciaio, pubblicata sul "Pennsylvania Packet and the General Advertiser" del 9 dicembre 1792.

19. *A sausage-maker's advertisement in the Pennsylvania Packet and General Advertiser, December 9, 1792.*

18

ANTHONY VITALLI,
SAUSAGE-MAKER,
Late from ITALY,

AT his shop in Fourth-street, between Walnut and Spruce-streets, nearly opposite the house of Edward Shippen, Esq; and at his stall every market-day, opposite the sign of the Indian King, sells all sorts of Sausages, as they are made at Milan, Venice, Bologne and Naples, and over all Italy, fit to eat raw, broiled, fried and boiled, and others to make rich sauces.

As he is a stranger in this city, he will be much obliged to the gentlemen and ladies who will please to favour him with their custom, and will use his utmost endeavours to please them, having served his time to this trade, in which he has obtained a sufficient proficiency.

19

20. La cantante lirica Adelina Patti, 1881. Il suo debutto nella "Lucia" fu definito "il più importante avvenimento nella storia dell'Accademia di Musica di New York". La Patti aveva allora solo sedici anni.

20. *Opera singer Adelina Patti, 1881. Her debut in* Lucia *on November 24, 1859, was reported to be "the greatest event in the history of New York's Academy of Music." She was only sixteen years old at the time.*

20

21. Nel 1866, la rappresentazione newyorchese dello spettacolo "The Black Crook", di Thomas Baker, vide come prima ballerina Maria Bonfanti, qui raffigurata sulla copertina della partitura della "Transformation Polka", tratta dal lavoro di Baker, pubblicato nel 1867.

21. *Maria Bonfanti was the prima ballerina in the 1866 performance in New York of* The Black Crook. *She is seen here on the cover of the sheet music of "Transformation Polka" from Thomas Baker's ballet* The Black Crook, *published in 1867.*

SEGUENDO IL SOLE

di JOSEPH TUSIANI

E' UN'IRONIA che, sebbene collegato al punto più alto dell'orbita del Sole, il termine "Mezzogiorno" non significò altro che tenebre quando, nel 1861, venne realizzata l'unità politica dell'Italia. In effetti, gli ultimi giorni di Cavour furono rattristati dal rapporto di Costantino Nigra sulla recente annessione del Sud d'Italia, una terra dove la povertà e l'analfabetismo, la fame e la siccità, la vastità dei latifondi e l'inclemenza della malaria, l'avarizia dei proprietari terrieri e l'arroganza dei burocrati, facevano sì che uno si meravigliasse che quella parte del mondo fosse stata benedetta da Dio. Fu allora che Giustino Fortunato, un meridionalista che studiava il Mezzogiorno con amore accorato piuttosto che con occhio puramente clinico, suggerì l'emigrazione come l'unico raggio di speranza per le popolazioni affamate. La disperata situazione fu chiaramente definita da un altro uomo che, sebbene non fosse nato nel Sud, fu ad esso vicino attraverso il suo onnicomprensivo amore per Cristo: "Ruba o emigra", fu il triste commento di Giovanni Battista Scalabrini, il vescovo divenuto noto come "il padre degli emigrati" ed il cui spirito, meno acceso dallo zelo sociale che dall'ispirazione evangelica, trovò un nobile appoggio nelle direttive di Papa Leone XIII così come nell'abnegazione di una piccola e fragile suora chiamata Madre Cabrini.

Fino a 13 milioni e mezzo di lavoratori insieme alle loro famiglie (quattro milioni erano diretti agli Stati Uniti) seguirono il sole, cioè emigrarono verso Ovest, tra il 1880 e il 1914. La emigrazione significò più che una comoda valvola di sicurezza: fu sinonimo dell'opportunità di riscoprire se stessi come esseri umani. Significò sopravvivere, prendere coscienza che il buio è seguito dalla luce. Per prendere a prestito la metafora di Shelley: se mezzanotte è già qui, come può essere l'alba così lontana? "Coelum, non animum, mutant qui trans mare currunt", aveva cantato Orazio molti secoli prima. Ignari di Shelley e di Orazio, quegli emigranti senza cultura corsero consapevolmente il rischio di svegliarsi l'indomani in una scioccante, ed anche più brutale, nuova realtà.

Forse, nel loro istintivo amore per la luce, essi dettero per scontate molte vicissitudini impreviste: agenti ruffiani nei porti di Genova, Napoli e Palermo; sfruttatori organizzati; condizioni antiigieniche e di sovraffollamento a bordo dei piroscafi che li trasportavano a New York. Poco essi sapevano del fatto che il loro incontro con la nuova società — la barriera del linguaggio, le case popolari e i padroni senza scrupoli — sarebbe stato così disumano da far sì che in molti rimpiangessero di aver abbandonato le più sopportabili tenebre della loro Bassa Italia.

Ma c'era il loro sogno dell'America e di un futuro più radioso che, alimentato dal sentimento della famiglia, dallo spirito di sacrificio e da un'intrepida ambizione di riuscire — almeno per i propri figli se non per se stessi — li rese parte di questo continente che, in cambio, divenne specchio della loro operosità nella sua prima, titanica lotta per emergere a livello internazionale. Organizzazioni filantropiche di tipo laico e religioso si adoperarono per mitigare il primo impatto con questo mondo nuovo e competitivo; ma fu solo un coraggio innato, affilato sulla disperazione, ed una nativa sagacia, che alla fine li salvò ancorandoli nei nuovi quartieri di una frontiera urbana.

La "massiccia invasione di immigrati", intravista con apprensione alla fine della Guerra Civile americana, era passata, cambiando il volto dell'America molto più rapidamente di quanto l'America avesse potuto cambiare la loro attitudine al lavoro e alla resistenza. I nostri immigrati — piccoli agricoltori, braccianti a giornata, contadini — avevano seguito il sole, ma intorno a loro c'erano ancora le tenebre: le tenebre dell'ambiguità e del pregiudizio. Il povero suonatore d'organetto con la svelta mano adusa al coltello divenne la nuova immagine dell'italiano. ☐

FOLLOWING THE SUN

by JOSEPH TUSIANI

IT is ironic that, although linked to the very zenith of the sun, the term *Mezzogiorno* spelled nothing but darkness as soon as Italy's political unification was achieved in 1861. Indeed, Cavour's last days were saddened by Costantino Nigra's report on the newly annexed *Sud d'Italia*, a land where poverty and illiteracy, famine and drought, vastness of the *latifondi* and inclemency of malaria, avarice of landlords and arrogance of bureaucrats made one wonder whether that part of the world had ever been blessed by God. It was then that Giustino Fortunato, himself a southerner who, studying the *Mezzogiorno* with aching love rather than a merely clinical eye, suggested emigration as the only ray of hope for the starving population. The desperate plight was tersely defined by another man who, although not born in the south, was close to it through his all-encompassing love of Christ, "Either steal or emigrate," sadly commented Giovanni Battista Scalabrini, the bishop who came to be known as "Father of the Immigrants," and whose spirit, kindled less by socially minded zeal than by evangelical inspiration, found noble support in the directives of Leo XIII as well as in the abnegation of a small frail woman named Madre Cabrini.

To thirteen and one half million workers and their families (four million of them came to the United States) following the sun — migrating westward, that is — between 1880 and 1914 meant much more than a convenient safety valve: it was synonymous with the opportunity to rediscover themselves as human beings. It meant survival, the awareness that darkness is followed by light: if midnight's here (to borrow Shelley's analogy), can dawn be far behind? Or were they — the illiterate, unaware of the Horatian hexameter *Caelum non animum mutant qui trans mare currunt* — still doomed to wake up to more shocking, and even brutal, new reality?

Maybe, in their irrepressible love for light, they took many unforeseen vicissitudes for granted: ruffian agents at the ports of Genoa, Naples and Palermo; organized exploiters; and overcrowded and unsanitary conditions on the ships transporting them to New York. Little did they know that their encounter with the new society — barrier of language, tenement houses, and unscrupulous *padroni* would be so inhuman as to cause many of them to regret ever having abandoned the more bearable darkness of their *Bassa Italia*.

But it was their dream of America and a brighter future that, nurtured by their family, their devotions, and their dauntless ambition to succeed — for their children if not for themselves — made them part of this continent which, in turn, became part of their industriousness in its first titanic struggle for international emergence. Philanthropic and church associations managed to mitigate the first impact of a new, competitive world; but it was only inborn courage, honed on despair, and native shrewdness — the result of a so-called renaissance that had touched the mighty as well as the lowly and that finally saved them by anchoring them in the new settlements of an urban frontier.

The "massive invasion of immigrants," apprehensively envisioned at the end of the American Civil War, had come to pass, changing the very face of America much more rapidly than America could ever change their habits of labor and endurance. Our immigrants — small farmers, daily laborers, *contadini* — had followed the sun, but there was still darkness around them: the darkness of ambivalence and prejudice. The pauper organ-grinder with the quick hand toward his stiletto became the new image of the Italian.

"Following the sun" the immigrants encountered America's "magnificent infidelity, as H.G. Wells called it in his *Future of America*. But the sun was yet to say its last, translucent word. ☐

22

22. "Gli emigranti", 1895, di Angiolo Tommasi, Galleria dell'Arte Moderna, Roma.

22.   The Emigrants, *1895, by Angiolo Tommasi, Gallery of Modern Art, Rome.*

23. Famiglia di emigranti all'imbarco a Genova intorno al 1894.

23. Emigrant family embarking at Genoa, about 1894.

24. Il passaporto di Marco Ceola, in partenza per l'America accompagnato dalla giovane moglie Rosa Fiori e dal figlioletto Augusto. Il documento, rilasciato nel 1892, indica l'Arkansas come destinazione finale.

24. A typical emigrant's passport, in this case issued in 1892 to Ceola Marco di Santo, who was accompanied by his wife, Fiori Rosa di Domenico (age 19) and their son Augusto (age 2). Arkansas is the indicated destination.

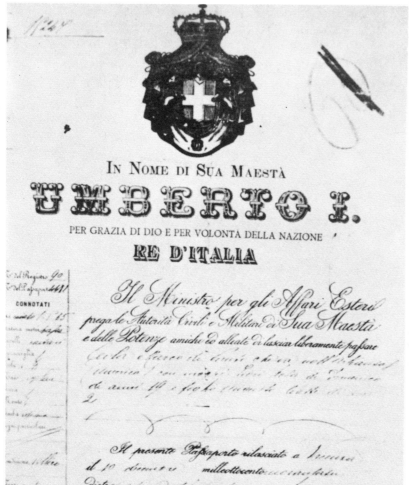

24

25. Emigranti in attesa di imbarcarsi a Napoli intorno al 1910.

25. Emigrants waiting to embark at Naples in about 1910.

26. Emigranti che si imbarcano a Genova intorno al 1898.

26. Emigrants boarding a ship at Genoa in about 1898.

25

26

LISTINO
DELLE
PARTENZE
E DEI
PREZZI
DA e PER L'ITALIA

CESARE CONTI
CORRISPONDENTE SPECIALE DEL
BANCO DI NAPOLI

35 BROADWAY ❧ ❧ **NEW YORK**

SUCCURSALE

19 MARKET ST.   **772 So. 8th St.**
NEWARK, N. J.   PHILA., PA.

27.   Il Banco di Napoli e il suo agente Cesare Conti ebbero un ruolo molto importante nel mantenimento dei contatti tra l'Italia e i suoi emigranti.

27.   *Cover of a listing of voyages to and from Italy, with their relative prices, offered by Cesare Conti, the New York agent of the Banco di Napoli.*

Giò Batta Sesiani,
Giò Batta Tambornino
Giò Tonoso,
Giò Peretti,
Francecho Peretti,
Giulielmo Zampone,
Antto Tonoso,
EX VOTO.

G.R.

28.   Ex voto conservato nella chiesa di Piana di Forno, in Piemonte, offerto dalla famiglia Pia per ricordare il miracoloso salvataggio in mare di un gruppo di concittadini emigranti, avvenuto nel 1805. La famiglia Pia, nel secolo scorso, avviò una fabbrica di giocattoli a New York.

28.   Miraculous rescue at sea in 1805 of a group of emigrants from the Piedmont town of Piana di Forno, commemorated in a votive painting in the town church offered by the Pia family of Piana, which founded a toy factory in New York in the 19th century.

30. In una foto dei primi anni del Novecento, ecco il transatlatico a vapore "Princess Irene" alla fonda nel porto di Genova. Impegnate in un'agguerrita concorrenza, le compagnie di navigazione facevano la loro fortuna con i viaggi degli emigranti.

30. *The transatlantic steamer Princess Irene, in the port of Genoa around 1900. In fierce competition, the steamship companies were making their fortunes on the voyages of the emigrants.*

29. La traversata alla fine del secolo scorso. "Trenta giorni di nave a vapore...", se pur bastavano.

29. *A typical crossing around 1898. "Thirty days of steamship travel," went the words of a popular emigrants' song.*

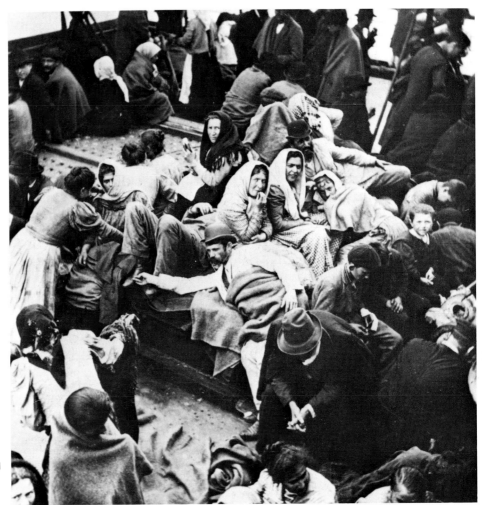

31. Ammassati sul ponte o pigiati nella stiva come sardine, gli emigranti rischiavano di veder sfumare tutti i loro sogni in un allucinante viaggio di un mese, durante il quale erano quotidianamente minacciati da malattie d'ogni genere.

31. *Cramped on deck or crowded in malodorous hulls, the emigrants chanced their dreams on a month-long voyage, during which epidemics and filth were a daily threat.*

31

32. Parole di una canzone popolare italiana dei primi anni del '900.

32. *The verses of a popular Italian song from the opening years of the 20th century, entitled: "Mother give me a hundred lire, I want to go to America!"*

Mamma mia dammi cento lire
Che nell'America io voglio andar!

―――――

Nuovissima Canzonetta popolare

――•|○|•――

Cara mamma voglio partire
Nell'America voglio andar,
Sono stanco di soffrire
Là mi voglio consolar.

Sono un giovane assai gentile
Non mi posso accontentar,
Mi son messo a far l'amore
Per potermi accompagnar.

Già trovai una biondina
Che mi voleva sacrificar,
Ma pensai ora di partire
Per potermi di lei scordar.

Mamma mia dammi cento lire
Perchè nell'America voglio andar,
« Cento lire te li dò
Ma nell'America no, no, no. »

Se nell'America non vuoi che vada
Volontario ne andrò a soldato,
Così per causa di una donna
Sacrificar la vita io dovrò.

Ma se per la guerra dovrò partire
Io da forte combatterò,
E pensando a te mia mamma
Il nemico io vincerò.

Ma se per caso dovrò perire
Un saluto ti manderò,
E nell'ultimo mio respiro
Lassù nel Cielo ti rivedrò.

A spese di **Mattei Giuseppe.**

881

――――― Milano — Tip. Ranzini, S. Sisto, 4. ―――――

33. Vaglia di un immigrato per la spedizione di denaro in Italia, eseguito tramite la Citizens National Bank di Ellwood City, in Pennsylvania, corrispondente del Banco di Napoli.

33. *An immigrant's order for money to be sent to Italy through the Citizens National Bank of Ellwood City, Pa., a U.S. correspondent of the Banco di Napoli.*

34. Pagina di un numero del 1904 de "L'Illustrazione italiana", con sei foto scattate alla stazione per la disinfezione del bagaglio degli emigranti nel porto di Napoli.

34. *Page from a 1904 issue of the magazine L'Illustrazione Italiana, with six photos taken at the then-new emigrant baggage disinfection station in the port of Naples.*

32

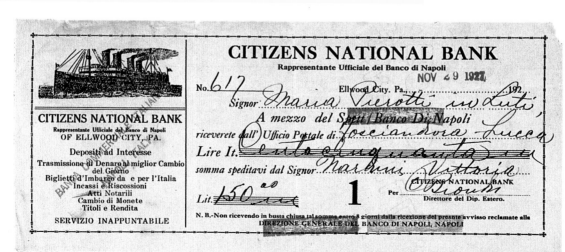

33

34

35. Immigranti italiani, appena sbarcati dalla "Princess Irene" vengono avviati a Ellis Island. La foto è del 1905 circa.

35. *Italian immigrants, disembarked from the Princess Irene, on their way to Ellis Island in about 1905.*

La stazione di Ellis Island fu aperta nel 1892 e venne ristrutturata nel 1900 per ricevere la crescente ondata migratoria. Fu con l'arrivo di un bastimento carico di immigranti italiani che vennero inaugurati i nuovi impianti.

The Ellis Island immigration station was opened in 1892, but it was rebuilt in 1900 to accommodate the increasing tide of mass migration. It was a shipload of Italians who inaugurated the new facilities.

36. In attesa delle formalità di sbarco a Ellis Island, 1900 circa.

36. *Waiting for processing on Ellis Island around 1900.*

37. Una famiglia di immigranti sta per lasciare Ellis Island, 1905.

37. *An immigrant family about to leave Ellis Island in 1905.*

THE SOCIETY FOR THE PROTECTION OF ITALIAN IMMIGRANTS

Entrance to the City from the Ellis Island Boat at Battery.

Here "Runners" formerly fleeced the Newcomers.

Courtesy of Leslie's Weekly

OFFICE,

17 PEARL STREET, NEW YORK.

TELEPHONE, 3641 BROAD.

38. Copertina di un opuscolo della Società per la protezione degli immigranti italiani, una delle associazioni spontaneamente create per difendere gli interessi dei nuovi arrivati dalle unghie di ''boss'' senza scrupoli.

39. Appena arrivati, gli immigranti venivano scortati dalla Battery all'ufficio della Società per la Protezione degli Emigranti Italiani, New York, circa 1905.

40. Nuovi arrivi registrati all'ufficio principale della Società per la Protezione degli Immigranti Italiani in Pearl Street, New York City, circa 1905.

38. *Cover of a pamphlet of the Society for the Protection of Italian Immigrants, which was one of the voluntary agencies engaged in defending the inexperienced immigrants from the speculation of unscrupulous ''bosses.''*

39. *Immigrants newly arrived in New York, in about 1905, being escorted from the Battery to the office of the Society for the Protection of Italian Immigrants.*

40. *New arrivals registering at the Society's main office on Pearl Street in New York, around 1905.*

39

40

41. Foto dall'archivio della St. Raphael's Society, 1911. Al centro, Giuseppina De Cicco e suo figlio stanno per raggiungere il marito e padre a Portland, nell'Oregon. A sinistra, Teresa Federici, diretta a Vancouver, nel Canada, per ricongiungersi a suo marito. A destra, Concetta Nardacchione ha per destinazione Seattle, Washington, dove si trova suo figlio.

41. *Photo from the case files of the Saint Raphael's Society, 1911. Center, Giuseppina De Cicco with her children about to leave New York for Portland, Oregon, to join her husband. Left, Teresa Federici going to join her husband in Vancouver, Canada. Right, Concetta Nardacchione going to her son in Seattle, Washington.*

41

42

42. Ancora dagli archivi della St. Raphael's Society. La quindicenne Nicosia Graziano, fotografata davanti agli uffici della Società a New York, fu minacciata di espulsione a causa della sua giovane età. La Società si appellò con successo a Washington in suo favore.

42. *Another photo from the case files of the Saint Raphael's Society. Nicosia Graziano, age fifteen, seen here in front of the Society's headquarters in New York, was threatened with expulsion because of her young age. The Society successfully appealed to Washington on her behalf.*

43

43. La St. Raphael's Society fu fondata nel 1891 a New York da Padre Bandini. In attività fino al 1924, la Società si occupava di donne e bambini immigrati in stato di bisogno.

43. *The St. Raphael's Italian Benevolent Society, which cared for immigrant women and children in need, was founded in 1891 by Father P. Bandini and continued its activities until 1924.*

FIRST ANNUAL REPORT
— OF —
ST. RAPHAEL'S
Italian Benevolent Society.
(JULY 1st, 1891, TO JUNE 30th, 1892.)

CASA SAN RAFFAELE 113 WAVERLY PLACE N Y

REV. FR. P. BANDINI.
113 Waverly Place,
N. Y. CITY.

44. Questa foto, scattata da Lewis W. Hine, è forse la più celebre tra quelle che ritraggono immigranti italiani. Anna Scicchilone e i suoi bambini, giunti a Ellis Island nel 1905, hanno smarrito il bagaglio, come tanti altri immigranti, ed è questa la causa delle loro facce preoccupate. Nel momento culminante dell'emigrazione, la perdita del bagaglio era così frequente che l'intero primo piano dell'edificio amministrativo era adibito a deposito.

44. *Lewis W. Hine's famous photo of immigrant Anna Scicchilone and children at Ellis Island in 1905. Lost baggage is the cause of their worried expressions. At the height of immigration the entire first floor of the administration building was used to store luggage.*

LA VITA NELLA NUOVA SOCIETA'

di JACK VALENTI

ARRIVARONO, questi immigrati italiani, a milioni all'inizio del secolo. Arrivarono totalmente privi di averi, molti analfabeti, la maggior parte con miseri bagagli. Ma tutti arrivarono pieni di speranze e di sogni. Al loro arrivo trovarono una terra straniera, a volte severa e inospitale, insensibile alla gioia che essi portavano nei cuori e spesso fredda nel rispondere alla loro aperta e ardente contentezza nella nuova patria.

Ciononostante si ostinarono. Scelsero di vivere in America e non si abbandonarono alla disperazione sebbene la vita fosse crudele ed il lavoro troppo spesso triste e duro.

Gli italiani erano particolarmente tagliati per trovare un rapporto con questo nuovo Paese. Erano gente allegra. Non avevano paura del lavoro pesante. La famiglia era il solido nucleo della loro forza. Dalla famiglia emanò il coraggio che dette loro l'energia per combattere contro la discriminazione che, troppo spesso e troppo spietatamente, incontrarono.

Perseverarono. Gli ostacoli non furono mai così difficili da non poter essere sfidati: una nuova lingua da imparare, nuove abitudini da adottare, nuove usanze da comprendere e, più di ogni cosa, una nuova terra ed una nuova nazione.

Tutto ciò costituì la corazza genetica degli italiani. Non si sarebbe sfondata né spezzata. Nessun altro avrebbe potuto incarnare più orgogliosamente né con più sincero amore il tipo del "Cittadino degli Stati Uniti d'America". □

45. Mulberry Street, il cuore di Little Italy, a New York, in una foto del 1910.

50

CONFRONTING A NEW SOCIETY

by JACK VALENTI

THEY came, these Italian immigrants, by the millions at the turn of the century. They came barren of property, many of them illiterate, most of them with small baggage. But all of them came filled with hope and dreams. When they arrived they found an alien, sometimes stern and inhospitable land, immune to the joy in their hearts and oftentimes distant in the response to their open, eager delight in their new home.

Yet they persisted. They chose to live in America and they would not despair although living was hard and jobs too often desolate and grim.

The Italians were peculiarly suited to finding a rapport in this new country. They were a joyous people. They were not afraid of hard work. The family was the unshatterable center of their strength. From the family flowed the courage that fortified them against the discrimination they found too often and too keen.

They persevered. The barriers were never so high that they would not be challenged: a new language to learn, new customs to use, new mores to understand, and most of all a new land and a new nation.

This was the genetic armorplate of the Italians. It would not be pierced or cracked. No one would wear more proudly, nor display with more open affection, the description "A Citizen of the United States of America."

45. *View of Mulberry Street, the heart of New York's Little Italy, in 1900.*

45

46

46. L'ingresso degli immigrati nella loro nuova strada principale, Mulberry Street. Siamo nei primi anni di questo secolo.

46. Immigrants arriving at Mulberry Street in about 1905.

47. Interno di una casa di operai nei "bassi" di Chicago, 1910.

47. View within a Chicago tenement house in 1910.

47

48. Casa di operai, New York, 1910.
48. *A New York tenement in 1910.*

49. La curva di Mulberry Street in una stampa della fine del secolo scorso.
49. *Print of the Mulberry Street Bend at the end of the 19th century.*

48

49

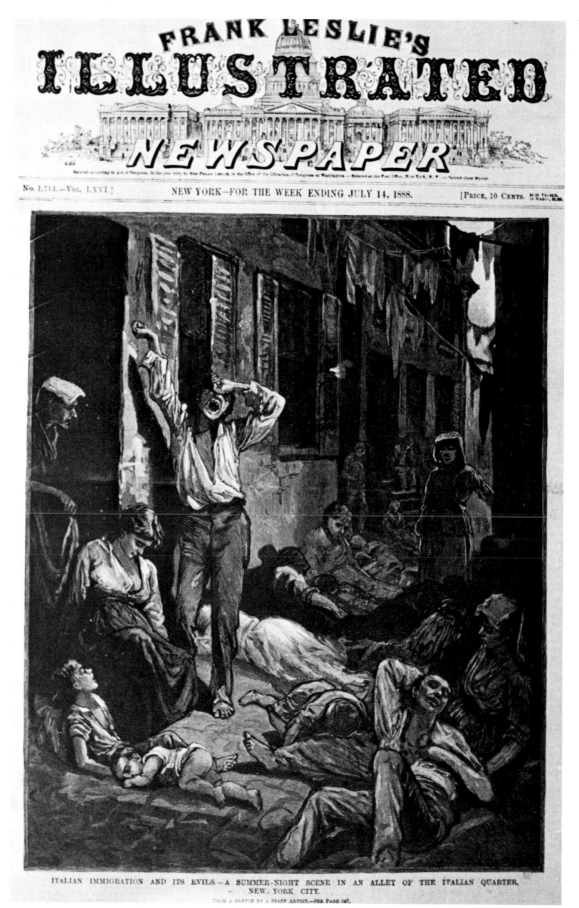

ITALIAN IMMIGRATION AND ITS EVILS.—A SUMMER-NIGHT SCENE IN AN ALLEY OF THE ITALIAN QUARTER, NEW YORK CITY.
FROM A SKETCH BY A STAFF ARTIST.—SEE PAGE 347.

50.   La copertina di un settimanale illustrato della fine del secolo scorso tinge di colori grotteschi le disgrazie degli immigrati italiani. Questa è una notte d'estate in un vicolo del quartiere italiano di New York, vista dal disegnatore del giornale.

50.   *The cover of an illustrated weekly offers a grotesque picture of the misfortunes of Italian immigrants. Here the victims of the slum tenements are painted in colors of ethnic prejudice.*

51.

51. Quartiere italiano, New York, 1910. Durante i mesi estivi la vita per strada era meno penosa ma egualmente drammatica, soprattutto per i bambini.

51. *Italian quarter, New York, 1910. Life on the street was an escape, especially in sultry summer weather.*

52. A New York si raccolgono fondi per un sanatorio. A Little Italy la tubercolosi era molto diffusa e il numero dei decessi molto elevato.

52. *Fund raising for the tuberculosis clinic in New York in the early years of this century. Tuberculosis was a common killer disease in Little Italy. Dr. Antonio Stella reported that in the "Lung Block" there had been 400 tuberculosis deaths in four and a half years for 1000 residents, just before 1900.*

52.

Il sogno di tutti i bambini è sempre stato quello di scendere in strada a giocare con i compagni. I piccoli italiani protagonisti di queste pagine crescono in mezzo alla strada, in condizioni certamente poco adatte alla loro salute, ma in qualche modo il loro sogno si traduce in realtà.

Children everywhere love to play in the street with their friends. The Italian children on these pages were growing up in the street, certainly in less than salubrious conditions, but they were probably happy doing what children love to do.

53. New York, 1900 circa. "E tu chi sei?", sembra voler dire l'ometto con l'indice puntato. Anche nello squallore e nella tragedia, un bambino riesce a sorridere.

53. New York, about 1900. The little fellow pointing his index finger seems to be saying, "And who are you?" Even amid squalor and tragedy, a child manages to smile.

53

54. New York, 1900 circa. L'apparizione di un suonatore ambulante è sempre un momento di gioia.

54. *New York, around 1900. The arrival of the hurdy-gurdy man was always a happy moment.*

55

55. Questa foto fu pubblicata nel numero del 7 aprile 1894 della rivista "The Illustrated American", con la seguente didascalia: "Le pesti importate dall'Europa". Come si vede, neanche l'innocenza dei bambini riusciva a sfuggire a commenti ostili.

55. *This photograph was published in the April 7, 1894, issue of the* magazine The Illustrated American *with the caption: "Pests Imported from Europe." Not even children's games were safe from hostile comments.*

Confronting a New Society - **IMAGES**

56.   Un venditore di ostriche a Mulberry Street nel 1910:
le abitudini italiane sopravvivono in terra straniera.

56.   *A Mulberry Street clam vendor, 1910. Italian customs
lived on in the country of adoption.*

57. Ingrandimento di una cartolina raffigurante il famoso
Flatiron Building, spedita in Italia nel luglio 1907.

57. *Enlargement of a postcard of the famous Flatiron Building
sent from New York to Italy in July, 1907.*

58

58.   Siamo nel 1913. E' giorno di mercato a Rochester, New York, e due "paesane" colgono l'occasione per scambiarsi qualche pettegolezzo.

58.   *Rochester, New York, 1913. It's market day, and two "paesane" take the opportunity to exchange a bit of gossip.*

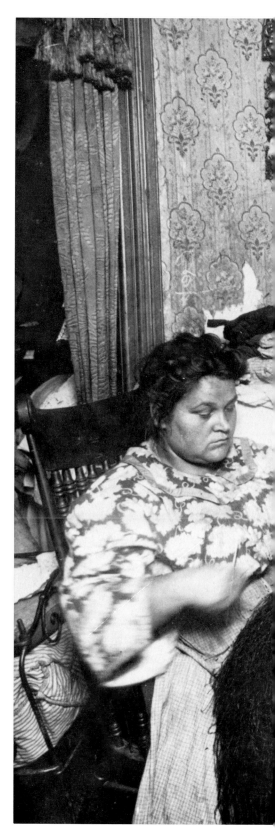

59.   La secolare tradizione delle nostre donne meridionali rivive per le strade di New York in queste donne che portano il lavoro a casa.

59.   *An age-old tradition of south Italian women is here transferred to the streets of New York by these women taking work home.*

59

60

60. New York, 1911. La famiglia Mauro al completo lavora con le piume.
Per garantirsi almeno il necessario per condurre
una vita dignitosa, tutti i componenti della famiglia, dal più grande
al più piccolo, erano costretti a lavorare.

60. *New York, 1911. The entire Mauro family hard at*
work assembling feathers. To earn enough
to get by, all family members, from the very old to the
very young, had to work.

3. Lavabo pei ragazzi.   1. La sala per le riunioni.   2. Scuola filarmonica.   4. Scuola pei lavori femminili.

L'LICEO ITALIANO A NUOVA YORK.

61. Il Liceo Italiano, fondato a New York nei primi anni di questo secolo, visto dalle pagine de ''L'Illustrazione Italiana''.

61. *The Italian liceo, or high school, established in New York in the early years of this century, seen in vignettes from the magazine* L'Illustrazione Italiana.

THIS BOOK BELONGS TO

NAME

CITY   STATE

NUMBER   STREET

DATE OF FIRST PAPERS

You **MUST GO**
For **YOUR SECOND PAPERS**

WHEN?

Uncle Sam *stands for* the **United States**. *He is the* Spirit *and* Soul *of* **America** Be **Loyal** to **Him** *and you will be* **A TRUE AMERICAN**

63

UNITED STATES OF AMERICA.

STATE OF NEW YORK,
CITY AND COUNTY OF NEW YORK, ss.:

Be it Remembered, That on the 5th day of June in the year of our Lord one thousand nine hundred and Six personally appeared *Emilio Infantino* in the Supreme Court of the State of New York, First Judicial District, (*said Court being a Court of Record, having common law jurisdiction, a Clerk and a Seal,*) and made his Declaration of Intention to become a Citizen of the United States of America in the words following, to wit:

"I, *Emilio Infantino* do declare on oath, that it is *bona fide* my **Intention** to become a **Citizen of the United States of America,** and to renounce forever all allegiance and fidelity to any foreign Prince, Potentate, State or Sovereignty whatever, and particularly to the Emperor *King of Italy* of whom I am now a subject (and that I arrived in the United States on the ___ day of *April*, *905.*"

Sworn to this 5th *June* 190 6 *Emilio Infantino*
of

Residence 327 W. 69 st *N.Y. City*

Special Deputy Clerk.

In Attestation Whereof, and that the foregoing is a true copy of the original Declaration of Intention remaining of record in my office, I, PETER J. DOOLING, Clerk of the said Court, have hereunto subscribed my name and affixed the seal of the said Court, this *June* day of 190 6

Peter Dooling
Clerk.

62 e 63. Prima pagina di un'agenda di un futuro cittadino americano (lo zio Sam ricorda di presentare la seconda richiesta di cittadinanza), e la richiesta di cittadinanza inoltrata il 5 giugno 1905 dall'immigrato italiano Emilio Infantino.

62 and 63. *Front page of a prospective U.S. citizen's notebook and a declaration of intention to become a U.S. citizen, signed by the Italian immigrant Emilio Infantino on June 5, 1905.*

64. Pietro impara a scrivere. Il suo inglese è ancora stentato ma egli farà virtù della necessità di assimilarsi ai suoi compagni. La foto è tratta da ''The Children of the Poor'', di Jacob A. Riis.

64. *Pietro learns to write. His English is still a bit shaky, but he is highly motivated by the need to assimilate with his friends. The photograph is taken from the book* The Children of the Poor *by Jacob A. Riis.*

65. Uno ''sciuscià'' a New York nel 1910. Crescendo in mezzo alla strada, questi ragazzi imparano subito a guadagnarsi la giornata, divenendo piccoli imprenditori di se stessi.

65. *New York, 1910: Growing up in the streets, these boys learned quickly how to get by with small-scale entrepreneurship.*

65

66. New York, 1896. Due lustrascarpe armati di attrezzi e in cerca di clienti. Purtroppo nella lotta per la sopravvivenza la vera vittima era l'istruzione: la maggioranza di questi ragazzi non aveva mai messo piede in una scuola.

66

66. *New York, 1896. Two well-equipped bootblacks in search of customers. The real victim of their struggle for survival was education. Most of these boys never set foot inside a school.*

67

68

67 e 68.   Due ritorni a casa. In alto: sembrerebbe America ma invece siamo·vicino Palermo. L'insegna del negozio la dice lunga sul passato di questo barbiere. Nella foto in basso: veglia funebre ad un ex-emigrato, Roseto Valfortore (Foggia), 1909.

67 and 68.   *Two homecomings. Above: the sign over this barbershop might look American, but the setting is a village near Palermo. Below: the funeral wake of an ex-emigrant in the town of Roseto Valfortore in the Puglia region in 1909.*

69 e 70.   L'ascesa sociale degli immigrati. A destra: John Ricci, da minatore a piccolo commerciante, Mahanoy City, Pennsylvania, 1907. In basso: Sam Cervone dietro il banco del suo bar, New York, 1900.

69 and 70.   *Emigration begins to pay off. At right: John Ricci, from mine worker has become an independent tradesman in Mahanoy City, Pa., in 1907. Below: Sam Cervone tending his bar in New York City, around 1900.*

70

Confronting a New Society - **IMAGES**

71. Vineland, New Jersey, 1915 circa. La comunità agricola è impegnata nella raccolta dei pomodori. Il pomodoro, partito dall'America quattro secoli prima, ritorna in grande stile.

71. Vineland, New Jersey, around 1915. The Italian farming community is harvesting tomatoes. The tomato, which had emigrated from America to Europe four centuries earlier, returned to America on a grand scale with the Italians.

Confronting a New Society - **IMAGES**

72 e 73. L'arte del vino approda in America. A sinistra: la raccolta dell'uva ad Asti, in California, 1923 circa. In basso: in una foto di fine secolo i vigneti della Italian Swiss Colony, sempre in California, precisamente ad Asti, omonima della cittadina piemontese rinomata per i suoi vini. Gli italiani si inserirono molto più facilmente nelle attività connesse all'agricoltura che nei centri urbani industrializzati.

72 and 73. *The Italian art of wine-making, too, emigrated to America. Left: grape pickers in Asti, California, around 1923. Below: workers in the Italian Swiss Colony vineyards in Asti, California, in about 1890. The successful Italian Swiss Colony firm named its settlement after the Piedmontese town of Asti, renowned as a capital of fine wines. In rural life and activities Italians assimilated far more rapidly than in the industrialized urban areas.*

73

74

74 e 75. Due foto della comunità agricola di Tontitown, in Arkansas, alla fine del secolo scorso. In alto: la famiglia Cichilero. In basso: il primo raccolto di fragole. Tontitown fu fondata nel 1898 da Padre Bandini, un missionario scalabriniano, e da un nucleo iniziale di cinquanta famiglie di immigrati. Nel 1906, Tontitown aveva l'ufficio postale, il telegrafo, la chiesa, la scuola elementare e tutte le principali attività commerciali.

74 and 75. *Two photos taken at the agricultural colony of Tontitown, Arkansas, at the end of the 19th century. Above: members of the Cichilero family. Below: Tontitown's first strawberry harvest. Tontitown was founded in 1898 by a Scalabrinian missionary, Father Pietro Bandini, and some fifty immigrant families. By 1906 it could boast a post and telegraph office, an elementary school, a church and all essential commercial enterprises.*

75

Claße diurna : Scuola di Tontitown

76 e 77. Ancora immagini di Tontitown. In alto: la scuola elementare. A
sinistra: la banda di Tontitown che go-
deva di ottima fama in tutto l'Arkansas
nord-occidentale. Le due foto sono
state scattate tra il 1900 e il 1905.

76 and 77. *Two more photos of Tontitown, taken between 1900 and 1905.
Above: the elementary school. Left: the
Tontitown band, which was known
throughout northwestern Arkansas.*

77

78 e 79. Joseph Petrosino, nato in Campania nel 1860, emigrò negli Stati Uniti che era solo un ragazzo. Entrato a far parte della polizia newyorchese, si impegnò in una lotta senza quartiere contro la "Black Hand", la Mafia. Nella foto in basso, il titolo di "The World" del 23 aprile 1903 dice: "Il detective Petrosino e diciassette pericolosi criminali da lui assicurati alla giustizia". Petrosino fu assassinato il 12 marzo 1909 a Palermo, mentre era sulle tracce di alcuni mafiosi siciliani.

78 and 79. *Joseph Petrosino, the first Italian-American hero of law enforcement. Detective Joseph Petrosino of the New York City police force was born in Campania in 1860 and emigrated to the United States as a boy. His crusade against the "Black Hand" earned him the recognition of no less than President Theodore Roosevelt. While in pursuit of criminals in Sicily he was assassinated in Palermo on March 12, 1909, by the Mafia.*

79

80

80. Prigione di New Orleans, 14 marzo 1891: undici italiani vengono linciati in seguito all'assassinio del capo della polizia David Hennessey. Ciò che rese più drammatico e assurdo il fatto, fu che le vittime erano già state assolte dall'accusa di omicidio. Bastò una sola frase pronunciata dal poliziotto morente, ''Sono stati gli italiani'', per scatenare la sanguinosa e ingiustificata reazione della folla.

80. *Parish Prison, New Orleans, March 14, 1891. Eleven Italians were lynched following the murder of police chief David Hennessey. The fact that the victims had already been tried for the crime and acquitted was less important for the mob than Hennessey's dying words, ''The Dagoes did it.''*

81. L'orribile episodio occupa tutta la prima pagina de ''L'Italo-americano'', giornale dedicato agli interessi degli italiani residenti negli Stati del Sud. Viene espressa una ferma condanna per la tragica fine di undici innocenti.

81. *The terrible episode took up the entire front page of L'Italo-Americano, a newspaper for the Italian residents of the southern states. Needless to say, the paper soundly condemned the aggression against eleven innocent men.*

81

THE ITALIAN MONKEY RIDING THE HIGH HORSE.
But he came down gracefully when told to "come off."

82

82. Copertina della rivista "Judge" del 18 aprile 1891, con una vignetta che ritrae Vittorio Emanuele II in sella al "cavallo dell'arroganza". La vignetta esprime i chiari sentimenti anti-italiani, scoppiati in seguito alla nota di protesta da parte dell'Italia riguardo al linciaggio degli undici immigrati italiani a New Orleans. L'incidente tese al massimo la corda tra i due Paesi, tanto che la partecipazione dell'Italia alla Columbian Exposition di Chicago del 1892 rischiò di saltare. All'ultimo momento le relazioni diplomatiche furono ristabilite e l'Italia allestì il suo padiglione alla Fiera.

82. *Cover of the magazine Judge, April 18, 1891, with a satirical cartoon of the King of Italy "riding the high horse," which expresses the anti-Italian feeling in America when Italy protested the lynching of the eleven Italian immigrants in New Orleans. The incident in fact led to the rupture of diplomatic relations between the United States and Italy. The situation was such that Italy almost did not participate in the Columbian Exposition in Chicago in 1892. But at the last minute diplomatic relations were re-established and Italy, too, had a pavilion at the fair.*

83

83. Cartolina spedita a Roma da un italiano nell'agosto del 1893 dalla Columbian Exposition.

83. *Postcard sent to Rome by an Italian in August, 1893, from the Columbian Exposition.*

LAVORO, SINDACATI E SCIOPERI

di RALPH FASANELLA

L'INDUSTRIALIZZAZIONE degli Stati Uniti fu resa possibile proprio dall'immigrazione di quelle "confuse masse dell'Europa, anelanti di essere libere". Parte cospicua di tali masse erano milioni di uomini e donne italiani, giovani, forti e ansiosi di offrire le loro menti e i loro muscoli per partecipare alla realizzazione del sogno americano.

Essi contribuirono a costruire le ferrovie, ad estrarre il carbone dalle miniere, a fondere l'acciaio e a produrre automobili e macchinari. I sacrifici furono grandi, le ricompense piccole. In uno sforzo collettivo per migliorare le proprie vite e ottenere per i propri figli quelle opportunità che ad essi erano state negate, gli italiani si organizzarono e lottarono.

Fra le lotte operaie che impressionarono e furono di stimolo alla nazione vi fu il massacro dei minatori di carbone a Ludlow, in Colorado, e le durissime battaglie dei lavoratori tessili a Lawrence, nel Massachusetts, e a Paterson, nel New Jersey. Non appena gli italiani ed altri immigrati emersero come una forza potente ed organizzata, vennero accusati di sedizione.

I "Palmer Raids" condussero all'arresto di migliaia di italiani lungo la costa occidentale. Sacco e Vanzetti vennero accusati e giustiziati sulla sedia elettrica. Il movimento operaio, che era rimasto frenato per una generazione, tornò nuovamente in vita con la campagna del C.I.O. per organizzare — nelle industrie di produzione in serie — anche l'impiego di non aderenti al sindacato.

Oggi, americani di origine italiana della seconda e terza generazione che hanno beneficiato di questi sforzi apportano il loro valido contributo a tutti i settori della vita di questo Paese. □

84

L'ITALO-AMERICANO LABOR BUREAU !

For the past ten years there has been a large influx of Italians into the State of Louisiana. In this decade there disembarked at the part of New Orleans, 4500 ITALIANS. These emmigrants are mostly STRONG, HEALTHY, ABLE BODIED INDUSTRIOUS MEN. AS LABORERS THEY HAVE NO SUPERIORS. Attracted by our temperate climate and the fertile resource of our State, they have come here in search of homes. CAPITALISTS, PLANTATION OWNERS, RAILROAD CONTRACTORS AND, IN FACT, ALL PERSONS WHO WORK LABORERS IN GREAT NUMBERS, FIND THE ITALIAN IMMIGRANT A VALUABLE ACQUISITION, BECAUSE OF HIS WILLINGNESS AND HIS PECULIAR ADAPTABILITY TO HARD WORK. A WELL EQUIPPED AND RELIABLE LABOR BUREAU IS WANTED. This want L'ITALO AMERICANO PURPOSES TO SUPPLY.

We will furnish Laborers to Proprietors, and employment to Laborers. One position is one which eminently qualifies us for the office we have elected to fill. Our circulation is not confined within narrow limits. It embraces nearly the entire United States, and our acquaintences with the Rail Road Authorities, Plantation Owners and Contractors gives us special facilities for serving satisfactorily and justly both employer and laborer.

L'ITALO AMERICANO
LABOR BUREAU

Will be in charge of a thorougly competent person, who will devote to it his constant and undivided attention. Our charges will be moderate whilst our services will be found to be of great value.

CORRESPONDENCE SOLICITED.

ADDRESS:

L'ITALO AMERICANO,
23 POYDRAS STREET,
NEW ORLEANS. LA.

84. "L'italiano è di corporatura robusta e gode di una salute eccellente: questo lo rende adatto a qualsiasi lavoro, anche il più pesante", dice l'annuncio pubblicato su "L'Italo-americano" di New Orleans del 21 marzo 1891. Il giornale rende nota la costituzione di un ufficio di collocamento, per garantire l'impiego degli italiani nei vari settori produttivi, siano essi miniere di carbone o strade ferrate.

84. *An advertisement in* L'Italo-Americano *of March 21, 1891, lists the qualities that make Italians unsurpassed as laborers. The newspaper is announcing the formation of a labor bureau that will supply Italian workers for railroads, plantations, coal mines or wherever strong and willing labor might be needed.*

85. E fu proprio nella costruzione di strade ferrate che gli italiani trovarono grande possibilità di lavoro. Nella foto: installazione dei binari in Oklahoma lungo la Santa Fe Railroad, nel 1909.

85. *The construction of the railroads absorbed a great part of the immigrant labor force. In the photo: track being laid in Oklahoma in 1909 for the Santa Fe Railroad, which was a major employer of Italian immigrants.*

WORK, UNIONS AND STRIKES

by RALPH FASANELLA

THE industrialization of America was made possible by the migration of "Europe's huddled masses, yearning to be free." Among these immigrants were millions of Italian men and women — young, strong and eager to give their brains and brawn to build and participate in the American dream.

They helped build the railroads, dig the coal, smelt the steel and produce automobiles and machines. The rewards were small and the sacrifices great.

In a collective effort to improve their lives and provide for their children the opportunities they were denied, they organized and fought back. Among the struggles that shocked and aroused the nation was the massacre of coal miners in Ludlow, Colorado; the bitter battles of textile workers in Lawrence, Massachusetts, and Paterson, New Jersey. As the Italians and other immigrants emerged as a powerful, organized force, they were accused of sedition.

The Palmer Raids arrested thousands of Italians along the eastern seaboard. Sacco and Vanzetti were framed and electrocuted. The movement, which was set back for a generation, came alive again in the C.I.O. drive to organize the open shop in mass production industries.

Today, second and third generation Americans with Italian backgrounds who are the beneficiaries of these efforts make valuable contributions to this country in all walks of life.

85

86.   Alcuni operai edili in una foto del 1910. Anche in questo settore l'impiego di braccia italiane non era indifferente.

87 e 88.   Anche le miniere assorbirono molta forza-lavoro italiana. Nella pagina a fronte, in alto: minatori a Castle Gate, Carbon County, Utah. Gran parte della popolazione di Castle Gate era nata in Italia. Nella pagina a fronte, in basso: minatori italiani in una foto del 1915.

86.   Italian laborers working on the construction of a tunnel in 1910. In the construction sector in general the use of Italian laborers was notable.

87 and 88.   The coal mines, too, absorbed much Italian manpower. Opposite page, above: miners in Castle Gate, Carbon County, Utah, where a large part of the town's population was Italian born. Opposite page, below: Italian immigrant miners in a photo of 1915.

88

89. Centro per la lavorazione del granito a Barre, nel Vermont, di proprietà di Zaccherio Macchi, in una foto del 1896. Verso la fine del secolo scorso, molti lavoratori europei specializzati nella lavorazione del granito si trasferirono a Barre. Fra loro anche molti italiani, provenienti in particolare dal nord e dal centro della penisola.

89. *This photograph taken in 1896 shows Zaccherio Macchi (far right) at his granite works in Barre, Vermont. Many quarrymen and cutters from the granite centers of Europe were attracted by the thriving granite industry at Barre. Among them were many Italians from the regions of Piedmont, Lombardy, Tuscany and the Veneto.*

90. La pensione Bonacci a Price, Utah. Un ambiente familiare e volti amici costituivano un rifugio dopo il lavoro.

90. *The Bonacci Pension in Price, Utah. The friendly atmosphere of a boarding house was a refuge after work.*

90

IMAGES - *Lavoro, sindacati e scioperi*

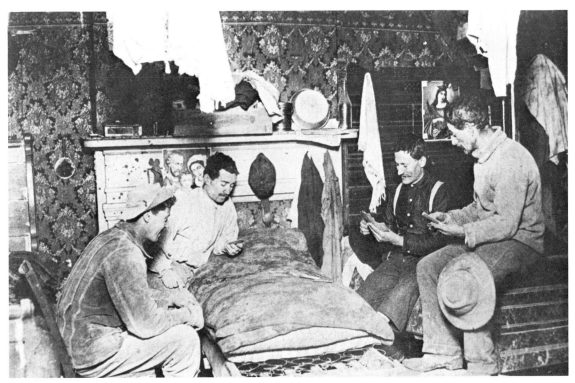

91. Una mano di briscola per rilassarsi un po'. Questi operai, che lavorano vicino al lago Erie, in Pennsylvania, sono ritratti nei loro alloggi. Su di loro, lontani dalle famiglie, vigila la Sacra Famiglia. La foto è del 1909.

91. *These workers from the New York State Barge Canal Construction Camp in Erie, Pennsylvania, relax in their quarters. Their families are back in Italy, but the Holy Family keeps watch over the men. The photograph is from 1909.*

92. Quadro votivo conservato nella chiesa di Desertetto di Valdieri, Valle Gesso, Piemonte. Il quadro fu commissionato da un emigrato ritornato, in segno di gratitudine per essere sopravvissuto ad un disastro minerario negli Stati Uniti.

92. *This votive painting, in the church of Desertetto di Valdieri in the Valle Gesso in Piedmont, was commissioned by a returned emigrant in gratitude for his having survived a mining disaster in the United States.*

92

93. New York, 1911: incendio alla Triangle Shirtwaist. Alcune operaie italiane, impiegate nel reparto cucitura, restarono prigioniere tra le fiamme.

93. *Scene from the tragic Triangle Shirtwaist Company fire in New York in 1911, in which the women workers were trapped.*

93

94. New York, 1911. Si organizza un corteo per ricordare le centoquarantatre operaie che hanno perso la vita nell'incendio alla Triangle Shirtwaist.

94. *Memorial parade for the one hundred and forty-three victims of the Triangle Shirtwaist Company fire, New York, 1911.*

94

95. Sciopero degli operai tessili a New York nel 1913. Si chiede la giornata lavorativa di otto ore e, a simboleggiare l'internazionalità della manifestazione, gli slogan sono scritti in diverse lingue.

95. *Clothing workers striking for the 8-hour day, New York, 1913. To emphasize the international character of the event, the slogan "In unity is our strength" is written in different languages.*

95

96. Cherry, Illinois, 13 novembre 1909: centinaia di italiani perdono la vita in un disastro minerario. Purtroppo gli italiani emigrati, e non solo in America, furono non di rado vittime di incidenti come questo.

96. *In the mine disaster in Cherry, Illinois, on November 13, 1909, hundreds of Italian workers lost their lives.*

96

97 e 98. Due cortei per la festa del lavoro. In alto: siamo a New York nel 1915, e queste donne, che costituiscono l'avanguardia italiana del corteo, sono in prima fila anche nelle lotte sindacali. Nella foto 98 siamo invece a Rochester nel 1910: un italiano fa sfilare il simbolo dei crumiri.

97 and 98. Scenes from two Labor Day parades. Above: New York, 1915, a cart full of Italian women workers is in the vanguard and, in fact, immigrant women workers were in the front lines of the battles fought by the local unions. Below: Rochester, 1910, an Italian worker leads organized labor's symbol of a strike breaker.

IMAGES - *Lavoro, sindacati e scioperi*

99

99. Ludlow,. Colorado, inverno 1913-'14: sciopero dei minatori. Tennero duro tutto l'inverno, rendendo necessario l'intervento dell'esercito che, il giorno di Pasqua, aprì il fuoco sugli scioperanti, uccidendone trentatre. Fra le vittime vi furono anche donne e bambini.

99. A scene of the miners' strike in Ludlow, Colorado, which continued through the entire winter of 1913-1914. It was finally ended by the guns of the state militia, which opened fire on Easter Sunday, 1914, killing thirty-three people, half of them women and children.

IMAGES - *Lavoro, sindacati e scioperi*

102

103

100 e 101. Lawrence, Massachusetts, 1912. Due momenti dello sciopero degli operai tessili. Durò tre mesi, ebbe i suoi momenti di tensione fra scioperanti e forze dell'ordine, e vide per strada anche le donne, il cui slogan era: "Vogliamo il pane, ma anche le rose."

100 and 101. *Two photos of the famous strike of the women textile workers in Lawrence, Massachusetts, in 1912, in which the mill girls carried signs saying "We want bread and roses too." The strike was the source of a new spirit of dignity among the illiterate and unskilled foreign-born workers.*

102. "Lawrence 1912", un quadro di Ralph Fasanella del 1977 che ha come soggetto lo sciopero detto "del pane e delle rose".

102. Lawrence 1912, *a painting by Ralph Fasanella of 1977 that evokes the "bread and roses" strike.*

103. Prima pagina de "L'Operaia", organo ufficiale della Sezione 25 dell'International Ladies Garment Workers Union (ILGWU), pubblicato a New York il 2 novembre 1918. L'ILGWU organizzava gli operai tessili che lavoravano nel settore degli abiti femminili. "L'Operaia" era curata dall'attivo gruppo italiano.

103. *Front page of the November 2, 1918, issue of* L'Operaia *(The Woman Worker), official organ of Local 25 of the International Ladies Garment Workers Union, published and edited in New York by the Italian branch of the Ladies Waist and Dressmakers Union.*

Work, Unions and Strikes - **IMAGES**

COURT WON'T DELAY AGITATORS' TRIALS---MYSTERIOUS DEATH

The Paterson Press

PATERSON, N. J. TUESDAY EVENING, MAY 6, 1913.

Weather

UNSETTLED GENERALLY; WED-
NESDAY PROBABLY FAIR AND
COOLER, LIGHT VARIABLE WINDS,
BECOMING MODERATE WESTERLY.

PRICE ONE CENT.

HAYWOOD'S NEW AND SHAMEFUL ROLE

To the Editor of The Press,
Sir: Haywood's dastardly lying attack on the late Mr. Mitchell, as related in last evening's Press, deserves the severest rebuke on the part of his own followers if they care anything for public opinion. No wonder Mrs. Conboy threatened to knock out Haywood's other eye if he ever should attack her personal character! But this brutal coward attacks only the character of a dead man. This is the coward who is ruling and ruining Paterson with a rod or iron. It is plainly to be seen just where the Mayor's newly appointed Citizens' Committee has a grave duty to perform. Let this committee invoke all our municipal forces, our state forces, and if necessary, our national forces to close up Turn Hall and Helvetia Hall and drive the Haywood gang out of this long suffering town. Let these citizens confine themselves to this one effort.

ANOTHER FRIEND
OF MR. MITCHELL.

TAX ASSESSOR DIES SUDDENLY

Thomas E. Smith Succumbs to Heart Failure Induced by Heavy Cold

COMPROMISE IS EXPECTED ON JURY REFORM

Prediction at Trenton, as Extra Session Opens, is That Legislature Will Create Jury Commissioners to be Named by the Chancellor.

WOULD SERVE WITH SHERIFFS OF COUNTIES

Insurgents in Assembly for Referendum—Caucus Votes to Suppress General Legislation—Governorship Candidates Trimming Sails.

[Special to The Press.]
TRENTON, May 6.—Pursuant to the call of Governor Fielder, the 137th Legislature met in extra session today in an endeavor to enforce the Democratic

THREE OF THE I. W. W. AGITATORS ORDERED TO TRIAL TOMORROW BY JUSTICE MINTURN

Left to Right—CARLO TRESCA. ELIZABETH G. FLYNN. WILLIAM D. HAYWOOD
PHOTO © 1913 BY AMERICAN
PRESS ASSOCIATION

JUSTICE MINTURN GIVES ORDER THAT AGITATORS' TRIALS MUST GO ON BEFORE JUDGE AND JURY

Denies Application of Counsel for Haywood, Tresca, Quinlan, Lessig and Miss Flynn, of I. W. W. Organization, for Writs of Certiorari—Refuses to Consider Charge of Lessig, Which Prosecutor Terms "Audacious," That Grand Jury Was Impartial—Says Cases Will Go on Tomorrow Morning, as Originally Set by Judge Klenert.

MAYOR'S CONCILIATION COMMITTEE WILL GET DOWN TO WORK RIGHT AWA'

Meeting Planned for Tonight to Organize and Map Out Plan
Action—Strike Committee Send 100 More Children Away
New York—Boss Painter in Dyehouse Attacked and Bad
Beaten by Gang Early This Morning—Man Who Assault
Patrolman Held in Jail on Battery Charge—Trial of Quinl

104. Ludlow, Colorado, inverno 1913-'14: accampamento di minatori in sciopero. Più di novemila minatori, seguiti dalle loro famiglie, abbandonarono gli alloggi della compagnia e si accamparono nei dintorni.

104. *View of the striking miners' encampment in Ludlow, Colorado, winter 1913-1914. In the fall of 1913, Ludlow's more than 9000 miners, with their families, quit company property and set up tents on adjacent land.*

104

105. Carlo Tresca (il primo a sinistra nella foto) e Arthur Giovannitti, assieme ad altri immigrati italiani, ebbero parte rilevante nell'organizzazione internazionale dei lavoratori.

105. *Among the agitators to be tried is Carlo Tresca (at left in the front page photo) who, along with Arthur Giovannitti, was one of the Italian immigrants prominent in the International Workers of the World (IWW) organization.*

106. Per sottolineare l'importanza dello sciopero di Lawrence del 1912, intervenivano ai comizi sindacalisti del calibro di Rossoni.

106. *Leaflet announcing a labor rally organized by the Latin Branch of the International Workers of the World, during the strike of the textile workers in Lawrence, Massachusetts, in 1912. Edmond Rossoni, the featured speaker at the rally, was a well-known Italian labor activist.*

106

ITALIANI!

Una grande battaglia si sta combattendo a Lawrence, Massach., da 25,000 lavoratori, fra cui moltissimi italiani.

Lunedì 19 Corr., alle ore 8 p.m.
NELLA
Jefferson Square Hall
925 GOLDEN GATE AVE.

si terra' un GRANDE COMIZIO INTERNAZIONALE nel quale, fra gli altri oratori, parlera' anche il compagno

Edmondo ROSSONI

il noto propagandista italiano.
Intervenite in massa.

Viva la solidarieta' del proletariato internazionale!

Il Branch Latino I. W. W.
1660 Stockton St.

Work, Unions and Strikes - **IMAGES**

107 e 108. La comunità italiana di Barre, nel Vermont, comprendeva un forte numero di ''radicali''. In queste foto ne vediamo due gruppi, mentre mostrano delle testate socialiste.''.

107 and 108. The Italian immigrant community of Barre, Vermont, included a thriving contingent of radicals, two groups of whom are seen here displaying socialist newspapers.

109. Barre, Vermont, 1912. Questi ragazzi sono figli degli operai in sciopero a Lawrence. La catena di solidarietà, nata spontaneamente durante quel drammatico periodo, li ha portati lontano da casa ma tra persone amiche.

109. A group of children of the striking textile workers of Lawrence, Massachusetts, in 1912, in front of the Old Labor Hall in Barre, Vermont, where solidarity with the strikers led many families to offer hospitality to the strikers' children. At far left, Antonio Broggi, organizer of the reception committee.

110. Carlo Tresca si rivolse così agli operai in sciopero: ''Noi produciamo!''.

110. Carlo Tresca of the IWW addressing Italian workers: ''We are the producers.''

Work, Unions and Strikes - **IMAGES**

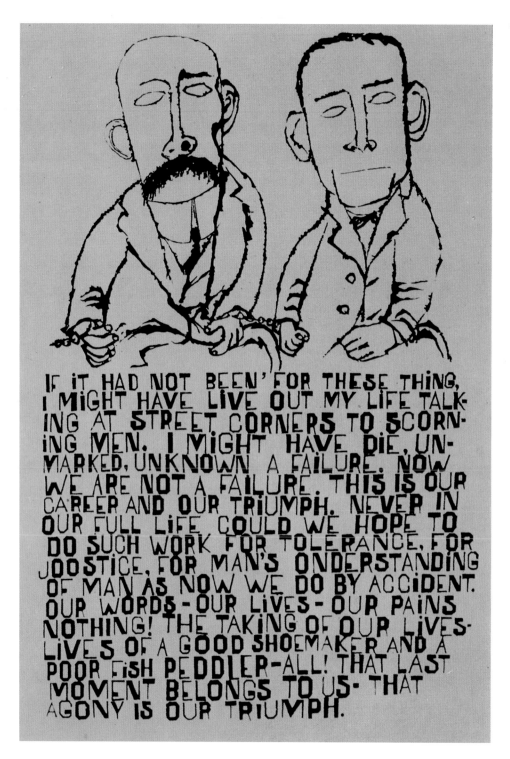

113. Disegno di Sacco e Vanzetti eseguito da Ben Shahn e dichiarazione di Bartolomeo Vanzetti, pubblicati nel 1952, venticinquesimo anniversario dell'esecuzione, sulla copertina di un numero della rivista "The Nation". Nel 1977, cinquantesimo anniversario dell'esecuzione, avvenuta in una prigione del Massachusetts, il governatore dello Stato, Michael Dukakis, ha dichiarato il 23 agosto "Sacco and Vanzetti Memorial Day".

113. *Drawing of Sacco and Vanzetti by artist Ben Shahn, with a statement by Bartolomeo Vanzetti. In 1952, in honor of Sacco and Vanzetti on the 25th anniversary of their execution, the drawing and statement appeared on the cover of an issue of the magazine* The Nation. *In 1977, to mark with due respect the 50th anniversary of Sacco and Vanzetti's execution in a Massachusetts state prison, the governor of the state, Michael Dukakis, declared August 23 Sacco and Vanzetti Memorial Day.*

107 e 108. La comunità italiana di Barre, nel Vermont, comprendeva un forte numero di "radicali". In queste foto ne vediamo due gruppi, mentre mostrano delle testate socialiste.".

107 and 108. *The Italian immigrant community of Barre, Vermont, included a thriving contingent of radicals, two groups of whom are seen here displaying socialist newspapers.*

109. Barre, Vermont, 1912. Questi ragazzi sono figli degli operai in sciopero a Lawrence. La catena di solidarietà, nata spontaneamente durante quel drammatico periodo, li ha portati lontano da casa ma tra persone amiche.

109. *A group of children of the striking textile workers of Lawrence, Massachusetts, in 1912, in front of the Old Labor Hall in Barre, Vermont, where solidarity with the strikers led many families to offer hospitality to the strikers' children. At far left, Antonio Broggi, organizer of the reception committee.*

110. Carlo Tresca si rivolse così agli operai in sciopero: "Noi produciamo!".

110. *Carlo Tresca of the IWW addressing Italian workers: "We are the producers."*

Work, Unions and Strikes - **IMAGES**

111. Nicola Sacco (a destra) e Bartolomeo Vanzetti, Boston, 1927.
111. *Nicola Sacco (right) and Bartolomeo Vanzetti, Boston, 1927.*

111

Fiumi di parole sono stati scritti sul drammatico episodio giudiziario che ebbe come protagonisti Nicola Sacco e Bartolomeo Vanzetti, un calzolaio e un pescivendolo ambulante. Accusati di omicidio e rapina a mano armata nel 1920, furono giustiziati a Boston nel 1927.

Millions of words have been written about the case of Sacco and Vanzetti, a shoemaker and a fish peddler convicted in Massachusetts of a 1920 armed robbery and murder and sentenced to an execution which took place in 1927.

112. Prima pagina del "Daily News" del 23 agosto 1927. L'annuncio dell'avvenuta esecuzione di Sacco e Vanzetti: "Morti!"

112. *Sacco and Vanzetti's execution announced with brutal eloquence on the front page of the New York Daily News.*

112

"Ho questo da dire: non augurerei né a un cane né a una serpe, e neanche alla più disgraziata creatura sulla terra, di patire quello che io ho patito per cose delle quali non sono colpevole. Ma c'è qualcosa di cui sono colpevole. Io sono un radicale e lo sono veramente. E ho pagato per questo. Io sono un italiano e lo sono veramente. E ho pagato anche per questo. Ho sofferto assai più per la mia famiglia e per i miei amici che per me stesso. Ma sappiate che sono così convinto di essere nel giusto, che se voi poteste togliermi la vita due volte e poteste ridarmela altrettante, io vivrei per rifare esattamente ciò che ho fatto."

Bartolomeo Vanzetti

"*This is what I say: I would not wish to a dog or to a snake, to the most low and misfortunate creature of the earth — I would not wish to any of them what I have had to suffer for things that I am not guilty of. But my conviction is that I have suffered for things that I am guilty of. I am suffering because I am a radical and indeed I am a radical; I have suffered because I was an Italian, and indeed I am an Italian; I have suffered more for my family and for my beloved than for myself; but I am so convinced to be right that if you could execute me two times, and if I could be reborn two other times, I would live again to do what I have done already.*"

Bartolomeo Vanzetti

113

IF IT HAD NOT BEEN' FOR THESE THING, I MIGHT HAVE LIVE OUT MY LIFE TALKING AT STREET CORNERS TO SCORNING MEN. I MIGHT HAVE DIE, UNMARKED, UNKNOWN A FAILURE. NOW WE ARE NOT A FAILURE. THIS IS OUR CAREER AND OUR TRIUMPH. NEVER IN OUR FULL LIFE COULD WE HOPE TO DO SUCH WORK FOR TOLERANCE, FOR JOOSTICE, FOR MAN'S ONDERSTANDING OF MAN AS NOW WE DO BY ACCIDENT. OUR WORDS-OUR LIVES-OUR PAINS NOTHING! THE TAKING OF OUR LIVES-LIVES OF A GOOD SHOEMAKER AND A POOR FISH PEDDLER-ALL! THAT LAST MOMENT BELONGS TO US- THAT AGONY IS OUR TRIUMPH.

113. Disegno di Sacco e Vanzetti eseguito da Ben Shahn e dichiarazione di Bartolomeo Vanzetti, pubblicati nel 1952, venticinquesimo anniversario dell'esecuzione, sulla copertina di un numero della rivista "The Nation". Nel 1977, cinquantesimo anniversario dell'esecuzione, avvenuta in una prigione del Massachusetts, il governatore dello Stato, Michael Dukakis, ha dichiarato il 23 agosto "Sacco and Vanzetti Memorial Day".

113. *Drawing of Sacco and Vanzetti by artist Ben Shahn, with a statement by Bartolomeo Vanzetti. In 1952, in honor of Sacco and Vanzetti on the 25th anniversary of their execution, the drawing and statement appeared on the cover of an issue of the magazine* The Nation. *In 1977, to mark with due respect the 50th anniversary of Sacco and Vanzetti's execution in a Massachusetts state prison, the governor of the state, Michael Dukakis, declared August 23 Sacco and Vanzetti Memorial Day.*

114. Boston, 1927: il funerale di Sacco e Vanzetti.

114. The funeral of Sacco and Vanzetti. Boston, 1927.

LA RELIGIONE

di SILVANO M. TOMASI

L E processioni religiose e le sontuose statue dei santi patroni colpirono l'immaginazione degli ospiti americani, orripilati di fronte a pie manifestazioni che infrangevano tutte le regole d'una ammodo devozione. La emotiva tradizione cattolica della maggior parte degli immigrati italiani, comunque, giocò un ruolo importante nel loro processo di americanizzazione. Praticamente in ogni Stato i santi dei villaggi d'origine furono venerati insieme. Fu così che, nel centinaio circa di parrocchie che vennero costruite e finanziate, nacque un nuovo senso di solidarietà che andava al di là delle divisioni regionali e che corrispondeva al bisogno di mantenersi legati alle proprie radici.

Nel quartiere degli immigrati, la parrocchia italiana arrivò a creare la comunità. I vincoli familiari vennero rafforzati dalla benedizione della Chiesa: i bambini erano protetti ed istruiti; la gioventù incoraggiata a darsi da fare ed i poveri aiutati. Non furono rari anche i conflitti con cattolici di altri gruppi etnici che vivevano nella stessa zona e occasionalmente gli italiani si aggregarono a piccole sètte indipendenti o a chiese protestanti. La fede e la devozione unirono il vecchio ed il nuovo mondo in un lento ma vitale processo di integrazione. Il gruppo italiano divenne una delle maggiori componenti del cattolicesimo americano apportandovi il contributo di un fervido e originale senso della vita. □

115. Processione religiosa a New York City intorno al 1935.
116. La banda parrocchiale della città di Everett, nel Massachusetts.

115

RELIGION

by SILVANO M. TOMASI

RELIGIOUS processions and extravagant statues of patron saints caught the imagination of host Americans, horrified before the pious manifestations of Italian immigrants who shattered all the images of "proper" worship. The Catholic emotional tradition of most Italian immigrants, however, had a deep impact on their process of Americanization. In practically every state the saints of villages of the old country were brought together. A new sense of solidarity beyond provincial divisions was initiated in the approximately one hundred parishes that were built and financed.

In the immigrant neighborhood, the Italian parish reached out to create community. The family was strengthened by the Church's blessing: the children were protected and educated, the youth encouraged to move ahead and the poor helped. Conflict with other Catholics living in the same area was not uncommon and occasionally Italians joined small independent sects or Protestant churches. Faith and piety linked the old world and the new in a slow but healthy process of integration. The Italian group became a major component of American Catholicism, adding a warmth and special sense of life as its unique contribution. □

115. *Religious procession in New York City in about 1935.*
116. *The band of the Saint Anthony parish, Everett, Massachusetts.*

1880

117. Santa Francesca Saverio Cabrini nel 1880. Dell'Ordine delle Suore del Sacro Cuore, Madre Cabrini arrivò negli Stati Uniti nel 1889 e spese il resto della sua vita lavorando tra gli immigrati italiani nei "bassi" di New York e New Orleans, nei campi per la lavorazione del legname nel nordovest e nelle città minerarie del Colorado. I suoi eroici sforzi furono largamente riconosciuti, e Madre Cabrini divenne la prima cittadina americana ad essere canonizzata dalla Chiesa Cattolica.

117. *Photo of Mother Cabrini at the age of thirty, in 1880. A Missionary Sister of the Sacred Heart, Frances Xavier Cabrini came from Italy to the United States in 1889, and until her death in 1917 spent her life working among Italian immigrants in the slums of New York City and New Orleans, in the lumber camps of the Northwest and in the mining towns of Colorado. In 1946 Mother Cabrini became the first United States citizen to be canonized by the Roman Catholic Church.*

118. Processione parrocchiale a Washington, 1915.
119. Boston, 1904 circa. Una classe elementare della scuola della parrocchia di St. Anthony.

118. A parish procession, Washington, D.C., 1915.
119. Grammar school class, St. Anthony's parochial school, Boston, around 1904.

119

120. Washington, 1916. Prima Comunione nella chiesa
del Santo Rosario.

120.   *First Communion, Holy Rosary Church, Washington,
D.C., 1916.*

*First Communion Girls. Holy Rosary.
Sunday, May 28, 1916.*

121. In una foto del 1905 circa ecco Padre Pietro Bandini, fondatore della St. Raphael's Italian Benevolent Society e spirito guida di Tontitown, .nell'Arkansas.

121. *Father Pietro Bandini, founder of the St. Raphael's Italian Benevolent Society and the guilding spirit of Tontitown, Arkansas, in a photograph taken around 1905.*

121

122. Festa di San Rocco, Bandits Roost, Mulberry Street, New York.

122. *Feast of St. Rocco, Bandits Roost, Mulberry Street, in New York City's Little Italy.*

122

123. Boston, 1920 circa. Una classe fresca di diploma alla scuola del Sacro Cuore.

123. *The graduating class, Sacred Heart School, Boston, around 1920.*

124. La Chiesa presbiteriana italiana di St. John a Cleveland, nell'Ohio, in una foto del 1930 circa.

124. *St. John's Italian Presbyterian Church, Cleveland, Ohio, around 1930.*

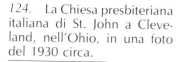

125. Un funzionario del consolato italiano con due padri Scalabriniani, New York, 1915 circa. Gli Scalabriniani, o Missionari di San Carlo, furono fondati nel 1887 dal vescovo Giovanni Battista Scalabrini di Piacenza. Loro obiettivo era prendersi cura del benessere sociale e spirituale degli emigrati. Negli Stati Uniti gli Scalabriniani sono attivi dal 1888.

125. *An official of the Italian consulate with two members of the Missionaries of St. Charles Borromeo, New York, around 1915. The order of the Missionaries of St. Charles, also called the Scalabrinians, was founded in 1887 by Bishop Giovanni Battista Scalabrini of Piacenza, in northern Italy, with the aim of caring for the spiritual and social welfare of migrants. The Scalabrinians have assisted migrants to the U.S. since 1888.*

127. Una classe di bambini nati in America da genitori italiani immigrati, Venerini Institute, Lawrence, Massachusetts.

127. *Class of American-born children of Italian immigrants, Venerini Institute, Lawrence, Massachusetts.*

128. Cerimonia di inaugurazione della Chiesa Cattolica di San Francesco, Walla Walla, Washington, 1916 circa.

128. *Dedication ceremony, St. Francis Catholic Church, Walla Walla, Washington, around 1916.*

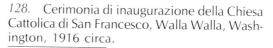

126. La "Società Cattolica Italiana", Washington, 1919.

126. *The "Società Cattolica Italiana," Washington, D.C., 1919.*

129

129. Processione religiosa a New York. La foto è della metà degli anni Trenta.

129. *A religious procession in New York City, mid-1930s.*

130

130. Picnic scolastico della chiesa cattolica di San Pietro a Willard Beach, Portland, Maine, 1921.

130. *School picnic at Willard Beach, St. Peter's Roman Catholic Church, Portland, Maine, 1921.*

131. In una foto del 1900 circa, la chiesa di Nostra Signora di Pompei a New York.

131. *Our Lady of Pompei Church in New York City at the turn of the century.*

LA VITA DI QUARTIERE IN AMERICA

di HELEN BAROLINI

COME in Italia, il centro della vita per l'immigrato italiano in America rimase la famiglia. Essere "sangue del sangue" di qualcuno era un fatto fondamentale nel rapporto con scuole e confraternite, mondo della politica e ambiente di lavoro. Buona parte del "villaggio spirituale" ricostruito in America fu un'estensione della famiglia, che venne celebrata in allegre feste di matrimonio e confermata in elaborati funerali. Il vigore e la stabilità del nucleo familiare trovarono la loro fonte nella madre italiana, pilastro della famiglia e capace di tramandare abitudini e valori

Gran parte della vita sociale nel quartiere, comunque, fu dominata dalle associazioni maschili: le bande musicali, le confraternite, i circoli politici all'angolo della strada, le associazioni di "paesani". Il successo economico arrivò perché tutti i componenti della famiglia tiravano insieme nella stessa direzione, come le dita di una mano. Le prime aziende fecero la loro comparsa nei quartieri degli immigrati in risposta a bisogni immediati: negozi al dettaglio, agenzie di viaggio e immobiliari. Vi furono però anche casi di feroce sfruttamento, come quando il banchiere "paesano" si volatilizzò con i tanto sudati risparmi di molte famiglie ed altri, autonominatisi "esattori", estorsero denaro in cambio di "protezioni". Nei primi vent'anni del secolo il tessuto italiano si amalgamò e la dimensione etnica si rivelò una forza efficace per l'organizzazione locale. L'aspetto così tipico delle case di stucco, i giardini a terrazze e coperti da tendoni, i pergolati e i sostegni dei pomodori davano l'impressione di un pezzetto d'Italia all'interno della cultura ospite.

I volti ed i profumi familiari, le associazioni fra uguali, le scuole e i negozi, le chiesé ed i giornali stampati nella madrelingua dettero vita a una rete di contatti che rassicurò e creò un'atmosfera adatta a far radicare la comunità italiana nella sua nuova patria. □

132. Patchogue, Long Island, New York, 1910.
Una banda italiana durante le celebrazioni per l'anniversario dell'Indipendenza.
133. Hiram House Social Settlement, Cleveland, Ohio, 1923. Celebrazione del Columbus Day.

132

LIFE IN THE AMERICAN NEIGHBORHOOD

by HELEN BAROLINI

AS in Italy, the center of life for the Italian immigrant in America remained the family. "Blood of one's blood" was central to the relationship with schools and fraternal organizations, politics and work. Much of the spiritual village rebuilt in America was an extension of the family that was celebrated in vivacious wedding feasts and affirmed in elaborate funerals. The strength and stability of the family group found its source in the Italian mother as pillar of the household and transmitter of its values and customs.

Much of the public social life of the neighborhood, however, was dominated by the men's organizations: the musical bands, the fraternal lodges, the street-corner political clubs, the *paesani* societies. Economic success came within reach because all family members pulled and pushed together, like the fingers of one hand. The first business establishments appeared in the immigrant areas in response to immediate needs: retail stores, travel and real-estate agencies. Some fierce exploitation also appeared in the neighborhood when the *paesano* banker would vanish with many families' long years of savings, and self-appointed "law enforcers" would exact illegal protection money. In the first two decades of the century, the Italian neighborhood coalesced and the ethnic dimension was an effective force for local organizing. The very look of the stucco houses, the tended and terraced gardens, the vines and staked tomatoes gave the impression of an Italian village within the host culture.

The familiar faces and smells, the peer groups, the schools and the local stores, the churches and the Italian-language newspapers formed a network of contacts that gave reassurance and created a climate suitable for putting down stable roots in the new country. □

132. *An Italian band in Patchogue, Long Island, New York, in 1910, taking part in the celebrations for the Fourth of July.*

133. *Columbus Day celebration at Hiram House Social Settlement, Cleveland, Ohio, 1923.*

133

134. Ferdinando e Maria Gabos con i loro bambini, Gemma, Silvio e Giuseppe, Rosewall, Ohio, 1903. Ferdinando, che era minatore, veniva da Cles, nel Trentino, dove tornò in diverse occasioni assieme alla famiglia.

134. *Ferdinando and Maria Gabos with their children, Gemma, Silvio and Giuseppe, in Rosewall, Ohio, 1903. Ferdinando worked in mines throughout the U.S., and on several occasions he and his family returned to his native town of Cles in Trentino.*

134

135. Felix Ardemagni e sua moglie Enrica Pianalto il giorno del loro matrimonio, celebrato nel 1900 a Tontitown, nell'Arkansas.

135. *Wedding picture of Felix Ardemagni and Enrica Pianalto, Tontitown, Arkansas, around 1900.*

135

136

136. Foto di gruppo per il matrimonio di Carlo e Teresa Brocato, New York, 1910.

136. *The wedding of Teresa and Charles Brocato, New York City, 1910.*

137. Altra foto di gruppo per Giovanni Taldo e la sua famiglia, Tontitown, Arkansas, 1898.

137. *The Giovanni Taldo family, Tontitown, Arkansas, 1898.*

137

Life in the American Neighborhood - IMAGES

111

138. Mandolino, chitarre e il bicchiere sempre pieno: aria di casa per questi italiani di Barre, nel Vermont.

138. *A typical Italian get-together in Barre, Vermont, in the opening years of this century.*

139. La famiglia Foiadelli con alcuni amici, Kelly's Woods, Barre, Vermont.

139. *The Foiadelli family and friends on an outing in Kelly's Woods, Barre, Vermont.*

140. *Agricoltori italiani nel ranch posto tra Ocean Avenue e Alemany Boulevard a San Francisco, intorno al 1900.*

140. *Italian vegetable farmers at their ranch located on the corner of Ocean Avenue and Alemany Boulevard in San Francisco, around 1900.*

141. *La famiglia LaGuardia, Whipple Barracks, Prescott, Arizona, 1895. Al centro, armato di tromba, Fiorello, futuro sindaco di New York.*

141. *The LaGuardia family in the Whipple Barracks, Prescott, Arizona, in 1895. In the center holding a trumpet is Fiorello, the future mayor of New York.*

141

Life in the American Neighborhood - IMAGES

142. Denver, Colorado, 1900 circa. Oltre all'attività di banchieri, Prospero Frazzini e i suo fratelli commerciavano in merci italiane, all'ingrosso e al dettaglio, vini e liquori compresi.

142. Denver, Colorado, around 1900. The activities of the Frazzini brothers comprised a bank and wholesale and retail trade in domestic and Italian products, including wines and liquors.

143. *Cortile posteriore di casa Tubello, Newark, New Jersey, 1923.*
143. Backyard of the Tubello home, Newark, New Jersey, 1923.

144

144. *Giovanni Gaia, ortolano, e la sua famiglia, Vineland, New Jersey.*
144. *The vegetable farmer Giovanni Gaia and family, Vineland, New Jersey.*

IMAGES - *La vita di quartiere in America*

145. I piccoli Ben e Trentino
Marino, New York, 1919.

145. *The Marino children, Ben
and Trentino, New York, 1919.*

Life in the American Neighborhood - IMAGES

146

146. Walla Walla, Washington, 1915. Pasquale Saturno e la moglie (seduti al centro), circondati dalla famiglia. I coniugi Saturno emigrarono negli Stati Uniti nel 1875.

146. *Pasquale Saturno and family, Walla Walla, Washington, in about 1915. Pasquale and his wife emigrated to the United States in 1875.*

147. Le sorelle Buccino.

147. *The Buccino sisters.*

147

IMAGES - *La vita di quartiere in America*

148. Frammenti di musica e testo di una canzone che non era esattamente gentile con gli italiani. Vengono toccate le solite corde: l'italiano che passa il suo tempo a bere vino e a giocare a carte.

148. *Sheet music for a song exploiting ethnic stereotypes for entertainment.*

149. Su carta intestata ''Bella Italia Troupe'', Pietro Donatella e Maria Rosa Faccenda chiedono a Padre Demo, parroco di Nostra Signora di Pompei a New York, una copia del loro certificato di matrimonio, celebrato nel 1903.

149. *The letterhead of the Bella Italia Troupe and the request written on it from Pietro Donatella and Maria Rosa Faccenda to Father Demo, pastor of Our Lady of Pompei parish in New York, for a copy of their marriage certificate. They were married in 1903.*

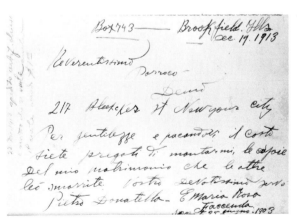

150. "The Original Swanee Six" in una foto del 1920.
150. *The Original Swanee Six, in a photo of 1920.*

151. San Rafael, California, 1925. Battesimo di uno dei bambini della famiglia Grossi.
151. *Christening of the Grossi family's baby son in San Rafael, California, about 1925.*

Creazione speciale del divo "Farfariello,,   N. 859

Lu cafone che ragiona

Versi di E. MIGLIACCIO e T. FERRAZZANO   Musica di PAOLO BOLOGNESE

*Donca neh compa' Ntuo',
io t'arragiono o no?!... Eh!..*

1.

Ogge a sta terra qua lu 'mericano
cumanna, e ti po' fa' chello che vo';
percio' quanno ti vere il taliano,
fosse lu Rre, lu chiamano **digo'**
    Dich' i', cu qua' ragione
    nzurtate li taliane?...
    Pecche' s'io so' cafone,
    tengo li paisane,
    ca so' maste de scienza,
    de voi professuri,
    ca overo te ne fanno,
    de tutti li culuri!...
Donca neh compa' Ntuo',
io t'arragiono o no?!... Eh!...

2.

Chello che fanno qua li 'miricane
manco li puorce 'o fanno 'a do' vengh' i':
se sciosciano lu naso cu li mmane,
mmiez' a la via... e nuie simmo *ghini?!*
    Cu lu tabacco mmocca,
    te fanno culazione!...
    'Na femmena mbriaca
    truvate ogne puntone!...
    Si lu facesse Rosa...
    io me la magnarria!...
    Ma sta razza 'e... putiente
    dice ca e' fantasia!...
Di' tu neh compa' Ntuo',
io t'arragiono o no?!... Eh!...

3.

La 'mericana pure mmaretata,
cu ll'ata ggente s'hadda riverti',
li vorte resta fore 'na nuttata...
...e lu marito, turzo, va a durmi'
    Po' qua pe' fa l'ammore
    nun nce vo' proprio niente!...
    Appena trase... in casa...
    te fanno gia' parente:
    " *Avaie? Comin! Sidane!* . ,,
    e gia' si d' 'a famiglia:
    'na *penta* 'e birra a 'o pate,
    e tu pazzie cu 'a figlia
Donca neh compa' Ntuo'
io t'arragiono o no?! Eh!...

4.

Dice, ca siamo figlie 'e maccarune!
E lloro ca s'abbottano 'e cafe'?!...
Doppo magnato?... stanno cchiu' diune
patane, latte *chente checche* e te.
    S'abbottano 'e patane
    e po te fanno 'nfaccia!...
    Ma songo 'mericane,
    nisciuno ne li caccia!.
    Nuie figlie 'e maccarune?!...
    E allora i 'mericane,
    songo 'na maniata
    de figlie de .. patane
E' ove' neh compa' Ntuo'
ma t'arragiono! o no?... Eh!...

---

152. "Compa' Ntuo' ma t'arragiono o no?" Edoardo Migliaccio, in arte Farfariello, prende le difese dei "figli dei maccheroni" calandosi nei panni arguti del cafoncello ignorante ma armato di buon senso. La canzone è del 1910.

152. *Edoardo Migliaccio, who took the stage name Farfariello, created the character-part of the quick-witted greenhorn with his own set of cultural values, thus turning the tables on the ethnic stereotype. Migliaccio co-wrote the lyrics reproduced here in 1910.*

WOODSIDE AL PALS

RYE BEACH N.Y.
SUN JULY 13 1930
CONT. DANCING ON BOAT
LEAVES FOOT OF CENTER ST.

ON STEAMER
MYLES STANDISH
TICKETS $2.00
8-30 AM RET. 7.00 PM

WOODSIDE
AL PALS INC.

WOODSIDE
AL PALS INC.

154

IMAGES - *La vita di quartiere in America*

153. Associazione di quartiere, Newark, New Jersey, circa 1930.

153. *Neighborhood association, Newark, New Jersey, about 1930.*

154. Consiglio esecutivo dell'Ordine Figli d'Italia per lo Stato di New York, in una foto del 1915 circa.

154. *The New York State Executive Council of the Order of the Sons of Italy, about 1915.*

155. I primi membri della Loggia Dante Alighieri dell'Ordine Figli d'Italia, Oswego, New York, 1906.

155. *The first members of the Dante Alighieri Lodge of the Order of the Sons of Italy, Oswego, New York, 1906.*

156. Frontespizio del bollettino ufficiale dell'Ordine Figli d'Italia. L'Ordine, che aveva adottato il motto della Rivoluzione Francese ''Libertà, fratellanza e uguaglianza'', aveva il suo obiettivo principale nella diffusione della cultura italiana negli States.

156. *Front page of the Bollettino Ufficiale of the Order of the Sons of Italy, August, 1924.*

156

157

157. La Banda dell'Associazione fra i Cittadini Italo-Americani di Oswego, New York.

157. *Band of the Italian-American Citizen Association of Oswego, New York.*

158. La sede di Cesare Conti, banchiere e mediatore d'affari, a Newark, nel New Jersey. La foto è del 1905.

158. *The Newark, New Jersey, establishment of Cesare Conti, authorized correspondent of the Banco di Napoli. The photograph was taken in about 1905.*

158

RESOCONTO ANNUALE
ED
ELENCO DEI MEMBRI
DELLA
SOCIETÀ AVETANA
DI MUTUO SOCCORSO E
CASSA DI PREVIDENZA
IN NEW YORK

★ GESTIONE 1914 ★

159

159. La Società Avetana fu fondata nel 1866 e registrata nel 1887.

159. *The 1914 Annual Report of the Società Avetana of New York, a mutual aid and insurance society, founded in 1886.*

160. La curva di Mulberry Street, New York.

160. *The Mulberry Street Bend, New York.*

160

161. Rome, New York, 1921. La banca e l'emporio: due iniziative utili e necessarie.

161. *The Gualtieri bank and general store, Rome, New York, 1921.*

162. La sede della Società di San Gennaro, New York, intorno al 1930.

162. *Headquarters of the San Gennaro Society, New York, about 1930.*

163

163. Interno della banca Gualtieri, Rome, New York, 1921.

163. *Interior of the Gualtieri banking establishment, Rome, New York, 1921.*

164 e 165. Due delle numerose società di mutuo soccorso organizzate dagli immigrati.

164 and 165. *Bylaws of two of the many mutual aid societies founded by Italian immigrants in New York, one for citizens of the Italian province of Campobasso, the other for citizens of Naples and the Campania region.*

STATUTI E REGOLAMENTI

DELLA

SOCIETA' DI MUTUO SOCCORSO

PROVINCIA DI CAMPOBASSO

FONDATA IN NEW YORK
IL 14 FEBBRAIO 1895 ED
INCORPORATA IL 26 LUGLIO 1895

NAPOLI PRESS
444 E. 115th ST.
NEW YORK

164

STATUTO

DELLA

SOCIETA' DI MUTUO SOCCORSO

FRA I

Cittadini Napoletani
e della Campania

DEL

Greater New York

165

167

169

166. La Federazione Columbiana, Bingham, Utah, 1929.

166. *Columbian Federation, Bingham, Utah, 1929.*

167. La banca Aiello, Trinidad, Colorado, intorno al 1905.

167. *The Aiello bank, Trinidad, Colorado, in about the year 1905.*

168. New York: italo-americani di spicco e redattori del giornale in lingua italiana "Il Progresso italo-americano", impegnati in una raccolta di fondi per i messinesi colpiti dal terribile terremoto del 1908.

168. *Prominent Italian Americans and journalists of New York's Italian-language daily,* Il Progresso Italo-Americano, *about to collect money for victims of the tragic Messina, Sicily, earthquake of 1908.*

169. Prima pagina de "Il Corriere Italiano" del 29 dicembre 1921. Fondato a Memphis, nel Tennessee, nel 1904, il Corriere era l'organo delle colonie italiane del sud.

169. *Front page of* Il Corriere Italiano, *December 29, 1921. Founded in 1904 in Memphis, Tennessee, the paper was the organ of the Italian colonies of the South.*

Life in the American Neighborhood - **IMAGES**

170. Settimanali italo-americani, 1906.

170. *Italian-American weeklies in 1906.*

171. "La Domenica Illustrata" del 15 ottobre 1921. Pubblicato a New York, era il settimanale italo-americano più popolare negli Stati Uniti.

171. *Cover of the October 15, 1921, issue of* La Domenica Illustrata, *a popular Italian-American weekly, published in New York.*

172. La redazione de "L'Opinione", Philadelphia, 1906.

172. *Editorial office of* L'Opinione, *Philadelphia, 1906.*

173. La redazione de ''L'Italo-Americano di Los Angeles''.

173. *Editorial office of* L'Italo-Americano di Los Angeles, *Los Angeles, California.*

174. L'edificio de ''La Voce del Popolo'' a Philadelphia. La foto è del 1911.

174. *The building of* La Voce del Popolo *newspaper in Philadelphia in 1911.*

175. Seduti attorno al tavolo nella villa Buon Ritiro di Pietro Rossi (il quarto da sinistra), vi sono i membri delle famiglie Rossi e Sbarboro. Le due famiglie avviarono con grande successo la casa vinicola della Italian Swiss Colony.

175. *Seated around the table at the Villa Buon Ritiro of Pietro Rossi (4th from left) in Asti, California, are members of the Rossi and Sbarboro families. The two families were prime movers behind the highly successful Italian Swiss Colony wineries.*

176. Banchetto annuale della Camera di Commercio Italiana, New York City, Hotel Astor, 1906

176. *Sixth annual banquet of the Italian Chamber of Commerce, Hotel Astor, New York, 1906.*

175

176

177 e 178. Comunicazioni transatlantiche. In alto: inaugurazione del cavo telegrafico tra Anzio e New York nel 1927. Nella pagina a fronte: una cartolina natalizia e un'altra di New York, spedite in Italia dagli Stati Uniti.

177 and 178. *Transatlantic communications. Above: Italcable inaugurates a new telegraph cable from Italy to New York, in 1927. Opposite: Christmas greeting card and postcard sent from the U.S. to Italy early in this century.*

IMAGES - *La vita di quartiere in America*

Buon Natale

-Queensboro Bridge, New York.

281/22

LA PRIMA GUERRA MONDIALE

'di JOHN J. SIRICA

NEL 1914, quando scoppiò la grande guerra, molti italiani che vivevano negli Stati Uniti ripassarono l'Oceano. Volevano combattere per quella che essi consideravano ancora la loro patria. Il rapporto di amore-odio con l'Italia sarebbe poi divenuto un tema fisso nell'esperienza degli italoamericani. Costretti dalla povertà e da una politica di sfruttamento ad andar via, gli immigrati si sentirono in obbligo di tornare per difendere una terra nella quale per loro non c'era posto. Fiorello La Guardia ed altri nati in America entrarono a far parte della Croce Rossa o si arruolarono nell'Aviazione o nell'Esercito degli Stati Uniti per combattere in appoggio dell'Italia. Lavoratori e lavoratrici che non furono in grado di partire acquistarono i buoni di guerra per sostenere lo sforzo americano nel fronte unico per le rivendicazioni territoriali italiane e per la vittoria dell'America.

Il sentimento per il paese d'origine non era in conflitto con gli obiettivi del nuovo. Ciò costituì un altro passo avanti verso l'identificazione degli italiani con la società americana. □

179

179. Gli italo-americani di New York danno il benvenuto alla Missione di Guerra italiana nel 1917.
180. Un soldato italo-americano, 1918.

179. Italian Americans of New York welcome the Italian War Mission in 1917.
180. An Italian-American soldier, 1918.

THE FIRST WORLD WAR

by JOHN J. SIRICA

WHEN the war exploded in 1914, many Italians living in the United States returned to fight for what they still considered the homeland. The love-hate relationship with Italy would be a regular theme in the experience of Italian Americans. Forced out of Italy by poverty and exploitative politics, the immigrants felt compelled to go back to defend a land that had no room for them. Fiorello LaGuardia and others, American born, joined the Red Cross, the U.S. Air Force or the Army to fight on Italy's side. Working men and women who could not leave bought war bonds to support the American effort in a united front for Italy's territorial revindications and for America's victory.

The feeling for the old country was not in conflict with the goals of the new. It was another step toward identification with American society. ☐

181. Gli italiani d'America erano chiamati a fare dei sacrifici per aiutare i connazionali impegnati in una dura guerra.

181. *A poster aimed at the Italian communities in the United States counsels consumer restraint in order to supply Italy with meat, grains, fats and sugar.*

182

182. Cerimonia alla casa di Garibaldi, Staten Island, New York, 1917.

182. *Ceremony at the house of Garibaldi, Staten Island, New York, 1917.*

183. New Jersey, 1917. Ritratto di una famiglia italoamericana poco prima della partenza del figlio per la guerra.

183. *Italian-American family in New Jersey in 1917 photographed the day the son left for the war.*

183

184. Il tenente D. Felice Rodi, missionario scalabriniano residente a New York, al fronte nel 1917.

184. *Lieutenant D. Felice Rodi of the Alpine regiment, a New York resident and a Scalabrinian missionary, at the front in 1917.*

185. Fiorello LaGuardia con Giovanni Caproni, padre dell'omonimo aereo da combattimento, 1916.

185. *Fiorello LaGuardia with Giovanni Caproni, designer of the Italian fighter plane, 1916.*

186. La sezione italiana della Croce Rossa americana sfila a New York nel 1918.

186. *Italian Auxiliary of the American Red Cross parades in New York in 1918.*

187. New York, 1918. Un lustrascarpe italiano acquista titoli emessi dal governo americano durante la guerra.

187. *Italian bootblack buying U.S. government war bonds in New York City in 1918.*

187

188. Ambulanza della Croce Rossa Italiana; dono della comunità italiana di Bridgeport, nel Connecticut, 1916.

188. *Italian Red Cross ambulance, gift of the Italian community of Bridgeport, Connecticut, 1916.*

188

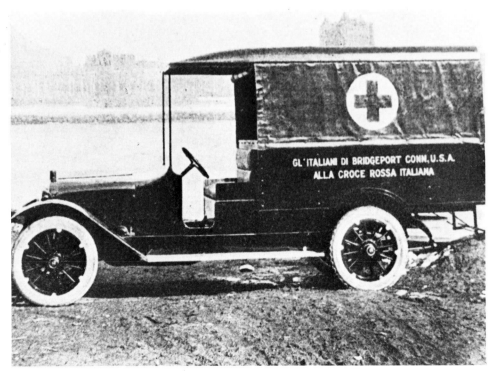

The First World War - IMAGES

AMERICANIZZAZIONE ALL'ITALIANA

di PETER RODINO, Jr.

IL ricordo degli stenti patiti durante la traversata svaniva, non appena la terra promessa cominciava a realizzare le speranze di una vita più prospera. C'era lavoro per tutti. Nell'industria, nell'artigianato, nel commercio, nel pubblico impiego. I più bravi diventavano presto proprietari di case, negozi, aziende. Qualcuno si poté comprare l'automobile. Gli italoamericani impararono rapidamente ad apprezzare la loro nuova patria e un tipo di vita che pretendeva molto ma offriva pure molto. Il tempo libero ad esempio: un pomeriggio sulla spiaggia, un fine settimana in campagna. "Pane, ma anche rose", divenne il motto — nato a Lawrence nel 1912 — dei sindacati che raggruppavano gli italiani, come quelli organizzati a New York da Luigi Antonini e Howard Molisani.

Si era ben consapevoli dei problemi da affrontare: la quotidiana lotta delle famiglie alle prese con usanze nuove, con una nuova lingua, e con la discriminazione nel campo del lavoro — che divenne il tema fisso di allegre commedie messe in scena (in dialetto napoletano e siciliano) nei teatri e nei circoli di quartiere. Gli americani di origine italiana coniugavano molto bene il loro irrefrenabile senso dello *humour* con una forte volontà di riuscire, unita a quel sentimento del "merito" e del "rispetto" che non dipende dal danaro o dalla condizione professionale e sociale, ma è legato alla dignità della persona, secondo una secolare tradizione della nostra gente.

Il suono dei nomi italiani oltrepassò i confini dei quartieri etnici non appena i figli degli immigrati cominciarono la loro diaspora nella rete delle istituzioni e organizzazioni della società americana. E divenne presto un suono familiare e abituale per tutti gli americani, in tutti gli Stati. Aiutavano, del resto, gli schermi cinematografici con l'affascinante volto di Rodolfo Valentino, i teatri dell'opera che risuonavano di fragorosi applausi per Enrico Caruso ed Ezio Pinza, l'ammirazione del mondo per il talento musicale di Arturo Toscanini, l'impero finanziario creato da Amadeo Giannini. L'immagine degli italoamericani cominciò a farsi più complessa: nacquero i primi circoli universitari, il che dimostrava l'accentuarsi di una differenza tra chi praticava ancora e soltanto i lavori manuali e chi apparteneva già a una classe più elevata.

All'inizio del secolo molti americani avevano temuto che l'immigrazione degli europei potesse costituire una minaccia alle istituzioni e al modo di vivere degli Stati Uniti. Era un timore basato sull'ignoranza e sul fanatismo. Tuttavia perdurò, ed ebbe come risultato l'approvazione — da parte del Congresso — di una legge che riduceva drasticamente l'immigrazione (1924). L'ondata dei nuovi arrivi dall'Italia si ridusse alle dimensioni di un rigagnolo. Intanto i giovani italiani già presenti negli Stati Uniti stavano crescendo come quelli americani. Se la prima generazione ancora giocava a bocce e a tressette, la nuova cominciò a praticare il football e il baseball e a credere nel sogno americano della libertà e delle opportunità. Nemmeno la grande depressione economica degli anni Trenta riuscì a soffocare questo prezioso sogno offerto ai figli e alle figlie degli immigrati italiani. □

AMERICANIZATION ITALIAN STYLE

by PETER RODINO, Jr.

AT the beginning of this century, many Americans feared that the migration of southern and eastern Europeans into the United States constituted a threat to America's institutions and way of life. This growing fear, founded in ignorance and bigotry, resulted in Congress passing a law in 1924 to provide for the drastic reduction of immigration. The flow of new arrivals from Italy dwindled to a trickle. At the same time, Italians already here were coming of age as Americans. While the older generation played cards and bocce, the new generation — those born in America — took up football and baseball, and became believers in the American dream of freedom and opportunity. Not even the great depression in the 1930s could stifle this precious dream given to the sons and daughters of Italian immigrants.

The hardships of the voyage faded as the hopes of a more prosperous life became partially fulfilled. These proud immigrants, who worked as craftsmen, artisans, factory workers, shopkeepers and public servants, became owners of cars, houses and businesses.

"Bread and roses too" became the motto, born in Lawrence, Massachusetts, in 1912, of Italian-language labor unions. Similar unions were organized in New York by Luigi Antonini and Howard Molisani.

Italians were learning to enjoy their new land — spending an afternoon at the beach or a weekend in the country.

The movie screens filled with the seductive face of Valentino, the opera houses resounded with thunderous applause for Ezio Pinza, the worldwide admiration for the musical talents of Arturo Toscanini and the banking empire of Amadeo Giannini were talked about with pride from the neighborhood taverns — where local Italian comedians and singers entertained their *paesani* — to the newly formed Italian Circolo of the Ivy League Universities.

The sound of Italian names reached beyond the ethnic neighborhood as the children of immigrants began their dispersal into the network of institutions and organizations of American society. The image of Italian Americans grew more complex, but the gap between day laborers and those of the upper class persisted.

Italian Americans were well aware of the problems they faced: the daily struggle of families coping with new customs, new language, new freedoms demanded by the young and discrimination in employment, as well as other problems, became the subjects of hilarious comedy scenes acted in the dialects of Naples and Sicily in neighborhood theaters and clubs. Americans of Italian descent combined their irrepressible sense of humor with a strong will to succeed, devotion to family and sense of *rispetto* — a feeling of personal worth and dignity independent of money or professional status — that are centuries-old traditions of the Italian people.

189. Little Italy, New York, 1930. Agrippino Manteo, assieme ai figli, prova uno spettacolo di pupi nel suo teatro. La famiglia Manteo ancora oggi porta avanti la tradizione dei pupi siciliani.

189. *Agrippino Manteo rehearses his children in the family's theater on New York's Lower East Side, around 1930.*

190. Tooele, Utah, 1934 circa. Francesco e Giovanni Leonelli.

190. *Francesco and Giovanna Leonelli, Tooele, Utah, mid-1930s.*

191. Una famiglia italiana nella campagna del New Jersey, 1938.

191. *An Italian family in rural New Jersey, around 1938.*

192. Kempton, West Virginia, 1938. Un minatore italiano col suo nipotino: già tre generazioni di italo-americani.

192. *An Italian-American miner with his grandchild in Kempton, West Virginia, in 1938.*

193. Burlington County, New Jersey, 1938. Una famiglia della comunità italiana di South Philadelphia raccoglie mirtilli.

193. *A family from the Italian community in South Philadelphia working as cranberry pickers in Burlington County, New Jersey, in 1938.*

193

195

194. Una ragazza italiana foto-grafata a Whiskey Run, Pennsyl-vania, nel 1923.

194. Italian girl at her home in Whiskey Run, Pennsylvania, 1923.

195. Lo stabilimento tessile Passarelli, New York, 1940 circa. Howard Molisani, personaggio di spicco all'interno del sinda-cato degli operai tessili italo-americani, è il quarto da sinistra, seduto.

195. Passarelli dress factory, New York, around 1940. Howard Molisani, leading figure in the Italian-American garment work-ers union, is seated fourth from the left.

196. Jo, un operaio italiano addetto alla manutenzione dei binari
sulla Ferrovia della Pennsylvania. La foto è del 1930.

196. *Jo, an Italian track-walker on the Pennsylvania Railroad, 1930.*

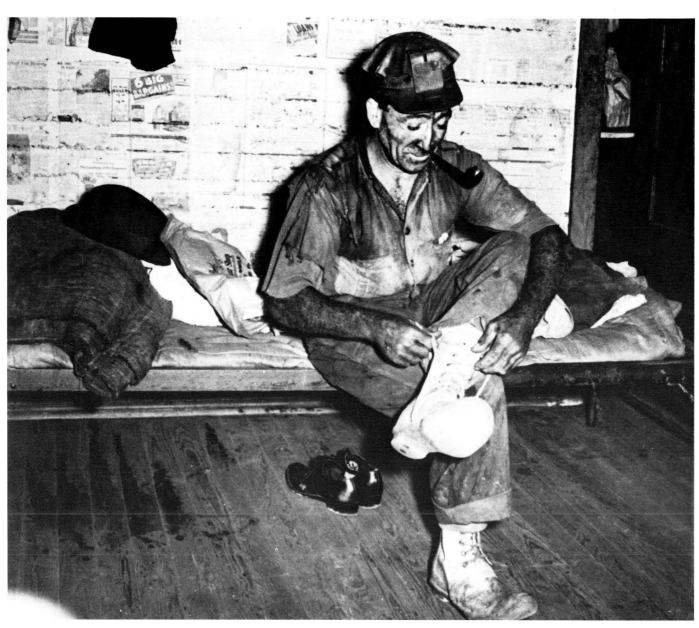

197. West Virginia, 1938. Un minatore si riposa dopo il lavoro.

197. *Coal miner resting after work, West Virginia, 1938.*

198. Luigi Antonini e i delegati dell'ILGWU (Unione internazionale dei lavoratori tessili nel settore dell'abbigliamento femminile) a colloquio col Presidente Franklin Delano Roosevelt. Washington, 1940 circa.

198. *Luigi Antonini and delegates of the International Ladies Garment Workers Union (ILGWU) with President Franklin D. Roosevelt in Washington, around 1940.*

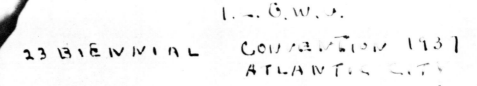

199. Atlantic City, New Jersey, 1937. Luigi Antonini al 23° congresso della Sezione 89 dell'ILGWU. Grazie ai continui sforzi di Luigi Antonini, questa sezione italiana divenne una delle più importanti e influenti dell'ILGWU.

199. *Luigi Antonini at 23rd biannual convention of Local 89 of the ILGWU, Atlantic City, New Jersey, 1937. Thanks to Antonini, this Italian-speaking local became one of the ILGWU's largest and most influential units.*

200. New York, 1930 circa. Sciopero degli operai tessili. Il noto leader Howard Molisani regge il cartello.

200. *Garment workers on strike, New York, around 1935. Howard Molisani holds the sign.*

Americanization Italian Style - **IMAGES**

201

201. Atlantic City, New Jersey, 1937. Delegati e ospiti al 23° congresso della Sezione 89 dell'ILGWU.

201. *Delegates and guests at the 23rd Convention of Local 89 of the ILGWU, Atlantic City, 1937.*

202. New York, 1930. Un artigiano italiano lavora il bronzo.

202. *An Italian craftsman working in bronze, New York, 1930.*

202

203. New York, 1940. Il sindaco Fiorello LaGuardia (a destra, con la macchina fotografica) assieme ad alcuni membri dell'Associazione Fotografi della Stampa.

203. *Mayor Fiorello LaGuardia (at right with camera in hand) together with members of the Press Photographers Association of New York, around 1940.*

203

GIANNINI WINS FIGHT FOR TRANSAMERICA CONTROL

ESTERN MAN S VICTOR IN PROXY FIGHT

fornian Holds Authority r Two-Thirds of Company Stock

LMINGTON, Del. Feb. 15.—A. iannini overwhelmingly defeated s Walker today in a fight for t of Transamerica Corporation Holding company. innini received 15,371,578 votes a total of 24,153,900 cast. sha Walker issued the follow- tatement: the largest stockholder of merica, I wish the manage- every possible success." side, it was believed, would ted chairman of the board at eeting of members of the new orate of 36 placed in office by iannini forces. the share of the stockholders g Judge Hugh M. Morris, rep- ing interests of Giannini, said Elisha Walker had conceded roxy battle. nsamerica corporation owns a rgest shareholder in the giant nal City bank of New York was founded by Amedeo P. ini, spectacular west coast

innini has taken violent excep- ip policies of Elisha Walker, t chairman. The latter was

EXTRA "L'ITALO-AMERICANO" EXTRA
DI LOS ANGELES

9 a. m.   15 Febbraio 1932   9 a. m.

GIANNINI HA VINTO!
ELISHA WALKER CONCEDE LA VITTORIA STREPITOSA AL DINAMICO BANCHIERE ITALO-AMERICANO

Wilmington, Del. - A. P. Giannini, il dinamico banchie- re italo-americano, ha con strepitosa maggioranza, ricon- quistato il controllo della Transamerica Corporation, tenu- to sino ad oggi dal gruppo capitanato da Walker.

Wall Street e' stata solennemente battuta. Giannini ha

15,371,578 VOTES ARE RECEIVED BY VICTOR

Walker Expresses Wish for Success; Officers Are Being Nominated

WILMINGTON, Del., Feb. 15.— A. P. Giannini overwhelmingly de- feated Elisha Walker today in a fight for control of Transamerica Corp., bank holding company. Giannini received 15,371,578 votes out of a total of 24,153,900 cast. Elisha Walker issued the follow- ing statement: "As the largest stockholder of Transamerica, I wish the man- agement every possible success." GIANNINI AS CHAIRMAN Giannini declared that John M. Grant, manager of the London

204. Il poeta Alfredo Borgianini al volante della Mercer da lui disegnata. Trenton, New Jersey, 1920 circa.

205. La vittoria del banchiere italoamericano Amedeo Pietro Giannini, nella lotta per il controllo della Transamerica Corporation, compare nei titoli della stampa di Los Angeles. Giannini fondò la Bank of America, che per un periodo detenne lo scettro di più grande banca privata del mondo.

206. A.P. Giannini e la moglie in una foto del 1922.

204. The poet Alfredo Borgianini at the wheel of the Mercer automobile which he designed, Trenton, New Jersey, about 1920.

205. A corporate victory of the famous Italian-American banker Amadeo Peter Giannini headlined in the Los Angeles press in 1932. A. P. Giannini was the founder of the Bank of Italy, later renamed the Bank of America, which was once the world's largest privately owned bank.

206. A.P. Giannini with his wife in 1922.

207. Il Circolo Italiano della Columbia University, New York 1921. Leonard Covello (primo da sinistra, in piedi), Louis Ponte-corvo (quinto da sinistra, in piedi), Peter Riccio (terzo da sinistra, fila centrale). Questo gruppo diede inizio alla raccolta di fondi per la costruzione della Casa Italiana.

207. *Circolo Italiano, Columbia University, New York, 1921. Leonard Covello (top row, 1st on left), Louis Pontecorvo (top row, 5th from left), Peter Riccio (middle row, 3rd from left). This group started the fund-raising campaign for the building of the University's Casa Italiana.*

208. La Casa Italiana della Columbia University, 1930.

208. *Casa Italiana, Columbia University, about 1930.*

208

209

209. Arturo Toscanini con il figlio Walter nel 1903. Toscanini inaugurò la stagione 1908 della Metropolitan Opera House. Fu direttore stabile dell'Orchestra Filarmonica di New York (1926-1936), e fondatore dell'orchestra sinfonica della NBC (1937).

209. *Arturo Toscanini with his son Walter, 1903. Toscanini was chief conductor of the Metropolitan Opera from 1908 to 1915 and conductor of the New York Philharmonic from 1926 to 1936. He founded the NBC Symphony Orchestra in 1937 and conducted it until his retirement in 1954.*

210. Intorno alla piscina di "Villa Pompei" di Andrea Sbarboro ad Asti, in California, vi sono membri delle famiglie Rossi e Sbarboro, che furono tra i fondatori dell'Italian Swiss Colony, rinomata azienda vinicola.

210. *Standing around the pool at Andrea Sbarboro's Villa Pompei in Asti, California, are members of the Sbarboro and Rossi families that played an important role in the founding and running of the Italian Swiss Colony enterprises.*

211 e 212. Protagonista di queste due foto è il celebre tenore Enrico Caruso. Molto famoso negli Stati Uniti, il cantante è ritratto a New York nel 1911 (pagina a fronte); nei panni di Johnson ne "La fanciulla del West" (sopra). Giacomo Puccini, autore de "La Fanciulla", visitò l'America nel dicembre del 1910, per assistere alla prima mondiale dell'opera.

211 and 212. *The fame of Enrico Caruso in the United States was a source of enormous pride for the Italian Americans in the early years of this century. Opposite: Caruso in New York in 1911. Above: the celebrated tenor as Johnson in the world premiere of Giacomo Puccini's* Girl of the Golden West *at New York's Metropolitan Opera in December 1910. The premiere, conducted by Toscanini, was attended by the composer.*

213. New York: il cantante lirico Beniamino Gigli (a destra) assieme a F.M. Ferrari, presidente della Banca del Commercio di Harlem e dell'Ospedale Italiano. Ferrari ringrazia Gigli per la forte somma di danaro con la quale ha contribuito alla costruzione dell'Ospedale italiano.

213. *The Italian tenor Beniamino Gigli (right) and F.M. Ferrari, president of the Harlem Bank of Commerce and of the Italian Hospital, New York. Ferrari is thanking Gigli for his exceedingly generous contribution to the Italian Hospital building campaign.*

214. Il basso Ezio Pinza nella parte del padre nella "Luisa Miller" di Verdi. Pinza fu una delle più celebri voci del Metropolitan di New York dal 1926 al 1948.

214. *The Italian bass Ezio Pinza as the father in Giuseppe Verdi's* Luisa Miller. *Pinza was a star of the Metropolitan Opera from 1926 to 1948.*

215. Il soprano Lina Cavalieri sulla copertina del "Theatre magazine" del giugno 1918. La famosa cantante, che nei primi decenni del secolo riscosse molto successo esibendosi al Metropolitan, era conosciuta non solo per la sua voce, ma anche per la sua grande bellezza.

215. *Italian soprano Lina Cavalieri pictured on the cover of* Theatre Magazine, *June, 1918. The famous singer, who had many successes at the Metropolitan Opera in the first decades of this century, was known not only for her voice but also for her great beauty.*

216. La leggenda di Rodolfo Valentino, re dello schermo americano negli Anni Venti, sopravvive all'uomo per decenni. Ancora nel 1941, Valentino compare sulla copertina di una rivista specializzata in "love-story".

216. *The legend of Rudolph Valentino, Italian-born idol of the American screen in the 1920s, lived on for decades after him. Valentino is pictured here on the cover of a romance magazine in 1941.*

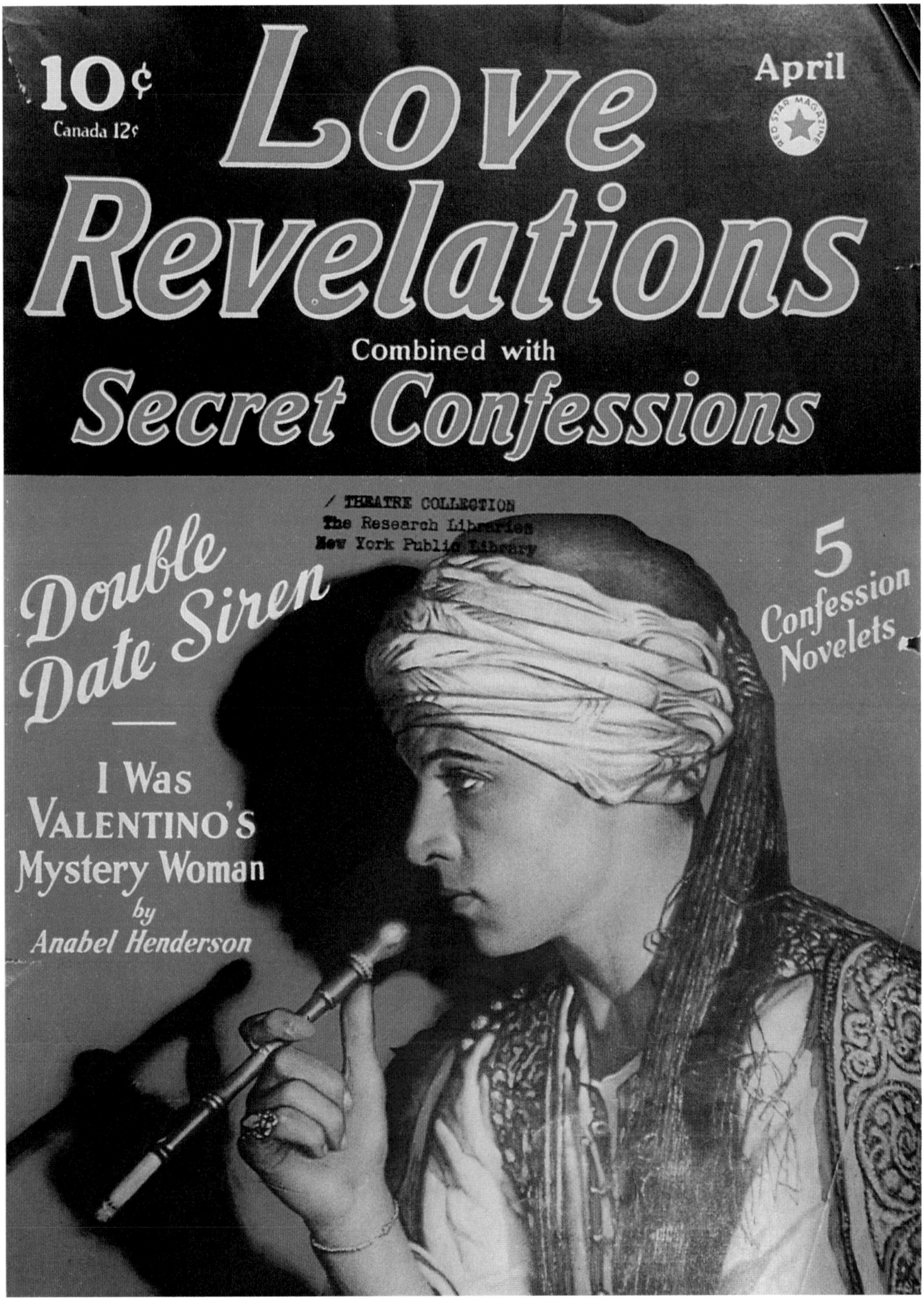
10¢
Canada 12¢
Love
April
RED STAR MAGAZINE
Revelations
Combined with
Secret Confessions
/ THEATRE COLLECTION
The Research Libraries
New York Public Library
Double Date Siren
5 Confession Novelets
I Was
VALENTINO'S
Mystery Woman
by
Anabel Henderson

216

217. Tony Cook e Mickey Martino, artisti del varietà, in una foto del 1929.

217. *Tony Cook and Mickey Martino, variety show artists, 1929.*

218. Edoardo Migliaccio, in arte Farfariello, interpretava delle macchiette che riscuotevano la simpatia degli ascoltatori.

218. *Italian-language radio announcement of a program featuring Farfariello (pseudonym of Edoardo Migliaccio) as Pasquale Passaguai (Pasquale the Greenhorn).*

219.   Un calzolaio italo-americano, New York City, 1943.
219.   *An Italian-American cobbler, New York City, 1943.*

220. Il comico italo-americano Jimmy Durante (in basso a sinistra), New York, 1940.

220. *Italian-American comedian Jimmy Durante (lower left), New York, 1940.*

221. New York, 1930 circa. Una partita a bocce.

221. *A game of bocce, New York, about 1930.*

Americanization Italian Style - **IMAGES**

222. Il futuro cantante Mario Lanza il giorno della sua Prima Comunione, nel 1933.

223. Willie La Morte, campione del mondo per la categoria ''pesi mosca'', in una foto del 1931.

224. Barre, Vermont, 1918. Ecco la squadra di baseball dell'Italian Athletic Club.

222. The future singer Mario Lanza at his First Communion, 1933.

223. Willie La Morte, World Flyweight Champion, around 1931.

224. Italian Athletic Club baseball team, Barre, Vermont, about 1918.

223

224

225. East Harlem, New York, 1943. Processione della Madonna del Monte Carmelo.

225. *Mount Carmel parade, East Harlem, New York, 1943.*

226. Un circolo ricreativo a New York, intorno al 1930. Il primo a sinistra è Vito Marcantonio, che alcuni anni dopo sarebbe diventato un personaggio di spicco sulla scena politica new-yorchese.

226. *Recreation hall, New York, around 1930. Future New York political figure Vito Marcantonio is seen in the foreground, far left.*

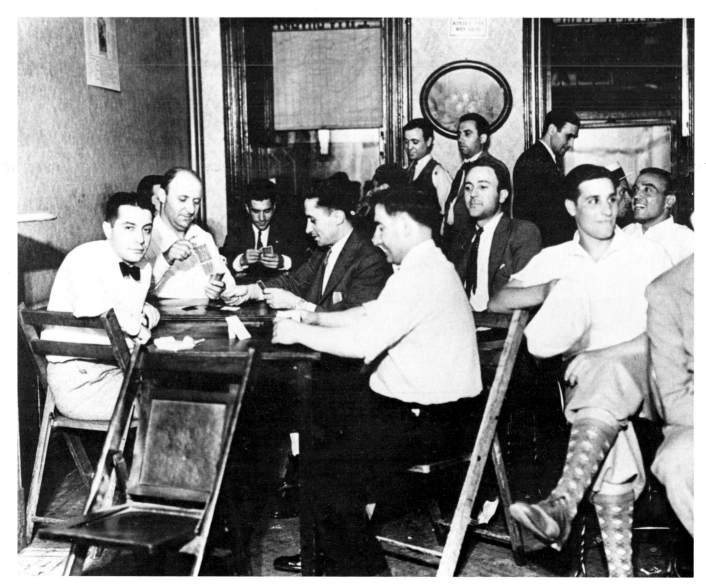

IMAGES - *Americanizzazione all'italiana*

227. Copertina dell'Italian Country Club Review, pubblicata a Tampa, in Florida, nel 1933.

227. *Cover of the April 1933 issue of the Tampa, Florida, Italian Country Club Review.*

228. New York, 1921. Il negozio di musica di Luigi Rossi.

228. *Luigi Rossi's music store, New York, 1921.*

228

229. Hoboken, New Jersey, 1930. Gli "Hoboken Four" con Frank Sinatra (all'estrema destra).
229. *"The Hoboken Four," including Frank Sinatra (far right), Hoboken, New Jersey, 1930.*

230. Una coppia italo-americana, Rose e Sam Carbone, sulla spiaggia. La foto è della fine degli Anni Venti.
230. *An Italian-American couple, Rose and Sam Carbone, on the beach in the late 1920s.*

230

IMAGES - *Americanizzazione all'italiana*

231. Il celebre regista Frank Capra, Hollywood, California, 1931.
231. *The legendary film director Frank Capra, Hollywood, 1931.*

IL FASCISMO E LA SECONDA GUERRA MONDIALE

di WILLIAM SALOMONE

DURANTE il periodo fascista i fermenti politici italiani s'incrociarono attraverso l'Oceano. Il regime voleva accreditare la propria immagine: un governo forte ed efficiente che oltre a risolvere i problemi nazionali interni, si preoccupava anche di tutti i figli d'Italia sparsi nel mondo. Ma l'appello all'autorispetto e alla nostalgia degli emigrati, viziato dalla propaganda ideologica, nelle città americane funzionò solo in parte. Ci furono scontri anche sanguinosi tra filofascisti e antifascisti, ma la stragrande maggioranza degli immigrati italiani si preoccupò soltanto di consolidare le posizioni raggiunte nella società e nel mondo del lavoro.

Certo, la propaganda mussoliniana aveva un suo fascino e sapeva esercitarlo: argomenti come la "ritrovata dignità" dell'Italia, il "rispetto" che adesso incuteva alle potenze europee, la conciliazione raggiunta fra Stato e Chiesa, la espansione coloniale in Africa, le imprese aeronautiche e sportive, il miraggio di una vera potenza militare, non restavano senza eco fra gli italiani d'America. Ma a parte la tenace opposizione degli antifascisti, ben presto anche nelle cittadelle del consenso cominciò a nascere qualche fondata preoccupazione circa il prezzo che alla fine il fascismo avrebbe fatto pagare in cambio dei suoi effimeri trionfi. In particolare, l'alleanza con Hitler e l'antisemitismo non potevano essere accettati negli Stati Uniti, dove, nonostante zone buie marcate da antagonismi e conflitti, il pluralismo delle razze e delle fedi ed un sistema di valori civili e spirituali imperniato sulla libertà rappresentavano le basi della convivenza. Ma, anche prima, l'assassinio di Matteotti e dei fratelli Rosselli, la prigionìa di Gramsci, le aggressioni a Gobetti, l'esilio decretato nei confronti di politici come Sturzo e Sforza e la persecu-

zione contro intellettuali del calibro di Borgese e Salvemini avevano prodotto un'impressione fortemente negativa. Divenne chiaro che il fascismo non risparmiava nessuno nella sua fanatica ricerca del conformismo e dell'egemonia totale e che inoltre poteva essere contagioso. L'esecuzione dei due anarchici italoamericani Sacco e Vanzetti (1927) suscitò perplessità profonda, e un intimo timore che non tutto poteva essere "sicuro" nella democratica ed anticonformista America.

La maggioranza degli italoamericani non approvò l'entrata in guerra dell'Italia al fianco di Hitler e la maramaldesca offensiva contro una Francia che già crollava. Ma tutto fu veramente chiaro solo quattro giorni dopo Pearl Harbour, quando Mussolini si unì ad Hitler nel dichiarare la guerra agli Usa in appoggio al Giappone. Il momento della verità era adesso giunto per tutti gli americani e — in un modo particolarmente acuto e doloroso — per gli italoamericani. L'amore per l'Italia non venne certo meno, ma si sublimò in un desiderio di colpire a morte la bestia trionfante del fascismo. Dimodoché, dopo la prova, l'Italia potesse godere di una più autentica resurrezione come nazione libera e democratica, veramente sorella dell'America.

La tragedia della seconda guerra mondiale riunì rapidamente la comunità italoamericana, che sulla questione fascista era rimasta a lungo divisa. Avere reduci o caduti tra i propri figli e congiunti rinnovò la solidarietà e la coscienza di aver non soltanto servito con lealtà e onore la nuova patria, ma di aver anche contribuito, con un sacrificio di sangue, al progresso materiale e spirituale della patria d'origine. □

FASCISM AND THE SECOND WORLD WAR

by WILLIAM SALOMONE

URING the Fascist period, Italy's political ferments went back and forth across the Atlantic. The regime wanted to give credence to the image of a strong and efficient government which, in addition to resolving Italy's problems at home, concerned itself as well with Italy's children scattered throughout the world. But the appeal to the self-respect and nostalgia of the emigrants, spoiled by ideological propaganda, only partly worked in the American cities. There were sporadic bloody confrontations between pro-Fascists and anti-Fascists, but the vast majority of the Italian immigrants were concerned only with consolidating the positions they had gained in society and the workplace.

Mussolini's propaganda, however, had a certain attraction and he knew how to use it. Such topics as Italy's "regained dignity" or the "respect" that Italy now commanded from the European powers, the "conciliation between Church and State" (with the signing of the Lateran Pact in 1929), the colonial expansion in Africa, athletic and aeronautical undertakings or the mirage of real military power could not but fascinate the Italians of America. But in addition to the tenacious opposition of the anti-Fascists, even in the citadels of consensus within the Italian-American community a concern soon began to take shape about the price to be paid for these ephemeral triumphs. In particular, the alliance with Hitler and anti-Semitism could not be accepted in the United States, where — despite its own dark areas of antagonism and conflict — plurality of race and religion and a system of civil and spiritual values based on liberty represented the bases of coexistence. Even earlier, however, there had been the assassinations of Matteotti (1924) and the liberal socialists Carlo and Nello Rosselli, the long imprisonment,

agony and death of the Communist leader Antonio Gramsci (1926-37), the mortal attacks against the extraordinary genius Pietro Gobetti (1926), the long exile of the Catholic leader Don Luigi Sturzo, the liberal diplomat Carlo Sforza, and intellectuals of the caliber of the critic and novelist G.A. Borgese and the democratic historian Gaetano Salvemini. It became clear that Fascism spared no one in its fanatical quest for conformity and hegemony and that, besides, it could be contagious. The execution of the two Italian-American anarchists Sacco and Vanzetti (1927) aroused profound puzzlement and an intimate fear that all might not be "safe" in the realm of nonconformity even in democratic America.

Most Italian Americans did not approve of Italy's entering the war at Hitler's side and the dastardly offensive against a falling France. But any lingering doubts were finally dispelled only four days after the Japanese attack on Pearl Harbor, when Mussolini joined with Hitler in declaring war on the United States in support of Japan. The moment of truth had now arrived for the Americans and, in a specially acute and painful way, for Italian Americans. Their love of Italy was no less but it was sublimated in a desire to kill "the triumphant beast" of Fascism, so that, having survived the ordeal, Italy might be able to enjoy a true "resurrection" as a free and democratic nation, a true sister of America.

The tragedy of World War II quickly reunited the Italian-American community, which had long been divided on the Fascist question. Having veterans and dead among their own children and relatives renewed Italian Americans' sense of solidarity and consciousness of having not only served their new country with loyalty and honor but of having contributed as well, with a sacrifice of blood, to the material and spiritual progress of their country of origin. ☐

232. Membri della comunità italo-americana rendono omaggio ad alcuni ex combattenti italiani della prima guerra mondiale, Washington, D.C., 1933.

232. Italian veterans of World War I honored by the Italian-American community, Washington, D.C., 1933.

233. Manifestazione antifascista a New York, verso la fine degli Anni Trenta. Sui cartelli, le caricature di Mussolini e Hitler.

233. Anti-Fascist rally in New York City in the late 1930s, with ominous cartoons of both Mussolini and Hitler.

234

234. Manifestazione antifascista a New York nel 1926. Sullo sfondo, l'immagine di Giacomo Matteotti, il deputato socialista assassinato dai fascisti nel 1924.

234. *Anti-Fascist rally in New York City in 1926. The image on the sign is that of Giacomo Matteotti, socialist member of the Italian Parliament assassinated by the Fascists in 1924.*

LA LIBERA AMERICA PROMETTE DOLLARI E LAVORO AGLI ITALIANI ; MA SE 12 MILIONI DI SUOI LAVORATORI DISOCCUPA
TI VIVONO DI SUSSIDI , QUALE LAVORO POTRA' DARE AI POPOLI VINTI SE NON SERVAGGIO E DISONORE?

235. Uno dei primi ma-
nifesti del regime fascista
per scoraggiare la emigrazione italiana negli Stati
Uniti: lo zio Sam con l'occhio torvo e le unghie ad
artiglio è un'immagine
efficace.

235. *Fascist anti-Amer-
ican propaganda aimed at
discouraging emigration to
the U.S. The inscription
says: "Free America prom-
ises Italians dollars and
work, but if 12 million
unemployed workers are
on relief, what work can
America offer except the
most humiliating?"*

236. New York, 1936
circa. Corteo antifascista.
Le caricature sui cartelli
furono disegnate da Fort
Velona.

236. *An anti-Fascist pa-
rade in New York in about
1936. The cartoons were
drawn by Fort Velona.*

236

ROMA·CHICAGO·NEW YORK·ROMA

CROCIERA AEREA DEL
DECENNALE 1933 · XI

IDROVOLANTI S.55 X - SAVOIA MARCHETTI - MOTORI ASSO DA 750 HP.
ISOTTA FRASCHINI - MAGNETI, CANDELE E BATTERIE DELLA MAGNETI MARELLI -
CARBURANTE PER AVIAZIONE STANAVO DELLA SOC.ITALO-AMERICANA PEL PETROLIO - GENOVA

237.   Per il decimo compleanno dell'aviazione come arma indipendente, il ministro Italo Balbo inventò e pianificò questa memorabile trasvolata, procurando alla lingua inglese, col suo cognome, una nuova parola: il termine "balbo" indica infatti una grossa formazione di aerei che si sposta su grandi distanze.

237.   *A display of Fascist might in America. This poster announces the Italian Air Force's celebration of its tenth anniversary as an independent corps. For the occasion, the Italian Minister of Aviation Italo Balbo organized a spectacular Rome-Chicago-New York-Rome cruise in formation.*

IMAGES - *Il fascismo e la seconda guerra mondiale*

238. New York, 1933. Balbo accolto come un eroe. Riuscendo in questa impresa, il ministro soddisfece le sue personali ambizioni, quelle dell'Italia fascista (e non) e anche quelle degli italiani immigrati negli Stati Uniti.

238. *Italo Balbo, Fascist Minister of Aviation, being given a hero's welcome in New York, after piloting his air squadron across the Atlantic to the 1933 Chicago World's Fair. The Italian planes stopped in New York on their return to Rome.*

239. Fascisti italiani in un campo nazista. Andover, New Jersey, 1938 circa.

239. *Italian Fascists at the Nazi Camp Nordland, Andover, New Jersey, about 1938.*

240. New York, 1950. Max Ascoli con il figlio Peter. Ascoli aveva abbandonato l'Italia nel 1931, durante il fascismo. Fu il primo presidente della Mazzini Society, fondata nel 1939 dall'antifascista Gaetano Salvemini.

240. *Max Ascoli with his son Peter, New York, about 1950. Ascoli had fled Fascist Italy in 1931. He served as the first president of the Mazzini Society, founded in 1939 by the Italian historian and fervent anti-Fascist Gaetano Salvemini.*

241. New York, 1943. Assemblea della Sezione 48 dell'ILGWU, sezione a maggioranza italiana. Si discute l'acquisto di obbligazioni di guerra. Nel 1943 l'ILGWU aveva diecimila membri e aveva investito cinquecentomila dollari in obbligazioni.

241. *The sale of war bonds was discussed at this meeting of the largely Italian Local 48 of the ILGWU, held in New York in 1943. By that year the ILGWU had 10,000 members and had bought $500,000 worth of bonds.*

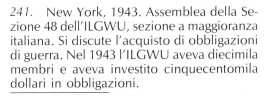

Fascism and the Second World War - **IMAGES**

242 (a)

243. Mott Street, New York, 1942. Cerimonia dell'alzabandiera per i ragazzi in guerra.

243. *A flag-raising ceremony for local boys in the U.S. Armed Forces, on Mott Street, New York, in 1942.*

244. New York, 1945. Il benvenuto ad un soldato reduce dalla seconda guerra mondiale.

244. *Sign on a New York house welcoming a returning World War II veteran in 1945.*

242 (a) e (b). Il sergente John Basilone (sopra: a Washington, in una foto del 1943) fu il primo sottufficiale dei marines a ricevere la Congressional Medal of Honor, durante la seconda guerra mondiale. Basilone morì nel corso d'una azione nel 1945. A destra: la sua tomba.

242 (a) and (b). *The first enlisted Marine to receive the Congressional Medal of Honor in World War II was the Italian-American Sgt. John Basilone, seen above in Washington, D.C., in 1943. At right: his grave. Basilone was killed in action in 1945.*

242 (b)

Fascism and the Second World War - IMAGES

VERSO L'AFFERMAZIONE

di GERALDINE FERRARO

DOPO la fine della Seconda Guerra Mondiale tra l'Italia e gli Stati Uniti furono ristabilite relazioni amichevoli. Sebbene l'immigrazione dalla Penisola fosse ripresa, durante questo periodo il numero degli italiani ammessi in America fu drasticamente ridotto, come risultato della discriminatoria legge sull'immigrazione del 1952. Oltre a ciò, la fuorviante ma ostinata opinione che gli immigrati italiani fossero in qualche modo meno intelligenti o meno diligenti dei loro simili provenienti dagli altri paesi europei, creò problemi di adattamento e di accettazione per questi nuovi arrivati.

Per fortuna, gli italoamericani stabilitisi in precedenza stavano iniziando ad affermarsi come un gruppo rispettabile. I figli delle primissime ondate di immigrati avevano impiantato le loro radici ed erano ormai assimilati allo stile di vita americano, mentre mantenevano i valori tradizionali italiani. Chiese e scuole nuove furono costruite, e ambita un'istruzione di grado superiore. Gli italoamericani parteciparono al vasto movimento nazionale in favore della creazione di nuovi quartieri residenziali alla periferia delle città, nel verde, riflettendo il desiderio di un pezzo di terra che essi potessero chiamare proprio e il costante progresso nei loro standard di vita. Coloro che rimasero nei vecchi quartieri urbani — sotto le vecchie apparenze — introdussero uno stile di vita più comodo comprando e rinnovando le loro case. Gli italoamericani fecero grandi passi nel campo dello spettacolo. La "meraviglia" della televisione portò attori come Jimmy Durante e Perry Como nelle case di tutti, rafforzando la concezione popolare degli italiani come gente dotata di talento artistico e musicale.

Nello stesso tempo, gli italoamericani si fecero spazio conquistandosi una propria arena politica. Al Congresso, Vito Marcantonio si battè contro la discriminazione della sua gente. Gli Stati di Rhode Island, Washington e Massachusetts videro i loro primi governatori italoamericani. Nel 1950 i cittadini di New York elessero sindaco Vincent Impellitteri che vinse su altri tre concorrenti italoamericani: Ferdinand Pecora, Edward Corsi e Vito Marcantonio. E un sempre maggior numero di persone, dai cognomi tipicamente italiani, arrivò nei consigli d'amministrazione e nelle scuole.

La situazione, comunque, non era così rosea. L'ascesa degli italoamericani fu affiancata dalle continue e pregiudizievoli indagini sul crimine organizzato, che furono viste alla televisione da milioni di cittadini. Sebbene le dichiarazioni sulla cattiva condotta degli italoamericani fatte dalla commissione Kefauver — largamente pubblicizzate — e i molti titoli di giornali sul vertice mafioso di Appalachin avessero come base poco più che delle semplici voci, sugli italoamericani di tutto il paese calò l'ombra del dubbio e della sfiducia.

A tutt'oggi l'immagine degli italoamericani non è del tutto uscita dall'equivoco: di tanto in tanto i pregiudizi nei loro confronti ricompaiono sulla stampa, mettendo in crisi al tempo stesso la loro dignità personale e il consenso sociale che, come gruppo etnico, potrebbe riscuotere. Alla luce degli straordinari contributi offerti dagli italiani e dagli italoamericani sia all'America sia al mondo, tali pregiudizi non dovrebbero trovare posto nella società di oggi. ☐

RE-EMERGING

by GERALDINE FERRARO

FOLLOWING the close of World War II, friendly relations between Italy and America were re-established. Though immigration from Italy was resumed, the number of Italians entering America during this period was drastically reduced as a result of the discriminatory Immigration Act of 1952. Moreover, a misguided but persistent belief that Italian immigrants were somehow less intelligent or diligent than their counterparts from other European countries presented adjustment and acceptance problems for these new Italian Americans.

Fortunately, previously established Italian Americans were beginning to emerge as a respected group. Children of earlier immigrant waves were becoming anchored in their newly acquired Americanism while maintaining traditional Italian values. New churches and schools were built and higher education was sought. Italian Americans joined in the nationwide movement to the suburbs reflecting the desire for a piece of land to call their own and the steady improvement in their standard of living. Those who remained in the old, urban neighborhoods introduced a more comfortable life-style underneath old appearances, purchasing and renovating their homes. Italian Americans made great strides in the entertainment field. The "wonder" of television brought such performers as Jimmy Durante and Perry Como into American homes reinforcing the popular view of Italians as artistically and musically talented people.

At the same time, Italian Americans came into their own in the political arena. In the Congress, Vito Marcantonio fought discrimination against his people. The states of Rhode Island, Washington and Massachusetts saw their first Italian American governors. In 1950, New York City residents elected Vincent Impellitteri as Mayor in a race against three other Italian Americans, Ferdinand Pecora, Edward Corsi and Vito Marcantonio. More and more, people with last names ending in "o" were seen on corporate boards and in educational institutes.

All was not rosy, however. The rise of Italian Americans was paralleled by persisting prejudicial investigations on alleged Italian organized crime which were viewed by millions of Americans throughout the nation via television. Although the widely publicized claims of wrongdoing by Italian-Americans made by Senator Estes Kefauver's Committee and the many headlines on the Appalachian-New York meetings resulted in nothing more than speculation, Italian Americans throughout the country fell under the shadow of doubt and mistrust.

To this day, the image of Italian Americans remains a source of ambiguity: prejudice against them occasionally surfaces in the media, troubling both their self-identity and their social acceptance as a group. In light of the tremendous contributions made by Italians and Italian Americans both to America and the world, such prejudice has no place in today's society. Through education, a better understanding and knowledge of these invaluable contributions will result in the proper appreciation due the Italians and Italian Americans. ☐

IMAGES - *Verso l'affermazione*

245. New York, 1948. Il deputato Vito Marcantonio, al suo tavolo di lavoro, mentre parla con Bernard Cole.

245. *Seated in his New York office in about 1948, U.S. Congressman Vito Marcantonio exchanges a few words with Bernard Cole.*

246. New York, 1950. Campagna elettorale per la carica di sindaco. Il manifesto invita a votare Marcantonio, ma le elezioni furono vinte da Vincent Impellitteri.

246. *Billboard publicizing Marcantonio's mayoral campaign in New York City in 1950. The campaign was instead won by Vincent Impellitteri.*

247

247. Banchetto dell'Italian American Labor Council a New York. Il secondo a destra è Luigi Antonini, dell'ILGWU.

247. *Italian American Labor Council banquet, New York City. Luigi Antonini, of the ILGWU, is second from the right.*

248. New York, 1947. Si prepara un carico di assistenza per l'Italia. Il giudice Juvenal Marchisio, presidente dell'American Relief for Italy (un'associazione nata per aiutare l'Italia a riprendersi dalla tragedia della guerra), è il primo a sinistra.

248. *Relief shipment for postwar Italy, New York, 1947. At extreme left, Judge Juvenal Marchisio, President of the American Relief for Italy.*

248

249. Salt Lake City, Utah, 1950. Un carro italiano fa il suo ingresso all' "Utah Days of '47 Parade".

249. *A float of the Italian-American civic leagues takes part in the "Utah Days of '47 Parade" in Salt Lake City, Utah, in about 1950.*

250. Non più vittime di traversate massacranti, nei primi Anni Cinquanta gli immigranti cominciano ad arrivare a destinazione viaggiando su un più comodo aereo.

250. *A group of Italian immigrants arriving in the United States by plane in the early 1950s. Month-long steamship voyages were by this time something of the distant past.*

250

IMAGES - *Verso l'affermazione*

251. Italia, 1948. Assistenza medica alla Casa di cura Torrigiani. E' un dono mandato dal Free Italy American Labor Council.

251. *Aid for Italy. A shipment of medical supplies arriving at the Torrigiani clinic, gift of the Free Italy American Labor Council, CIO, around 1948.*

252. New Orleans, 1956. In cerca di garanti. Dice infatti il cartello: "Sei in grado di offrire un impiego a lavoratori onesti?"

252. *Seeking sponsors for immigrants in New Orleans in 1956.*

252

AMERICAN COMMITTEE ON ITALIAN MIGRATION

YOU OFFER A JOB to some HARD WORKING HONEST PEOPLE?

253. New York, 1955. Il giudice Juvenal Marchisio e le American Girl Scouts danno il benvenuto ad alcune ragazze Italiane.

253. *Judge Juvenal Marchisio and some American Girl Scouts welcome Italian children to New York in 1955.*

254. New York, 1953. Inaugurazione del Centro Leonard Covello per anziani. Covello è il secondo da sinistra.

254. *Dedication of the Leonard Covello Senior Citizens Center, New York, about 1953. Leonard Covello is seen in the photo, second from left.*

IMAGES - *Verso l'affermazione*

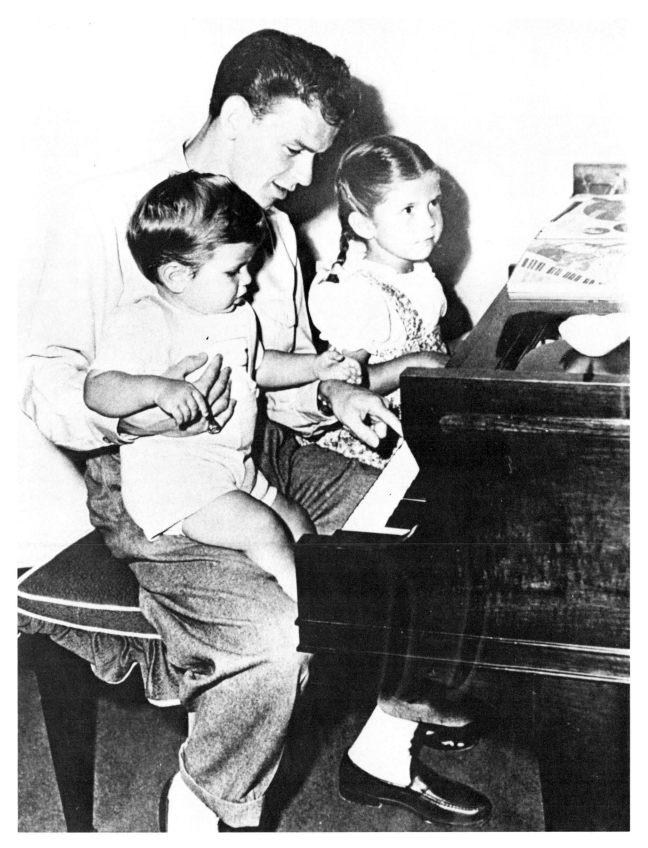

255. Frank Sinatra con i figli, Frank jr. e Nancy, in una foto del 1940 circa.
255. *Frank Sinatra with his children, Frank Junior and Nancy, in a photo from the early 1940s.*

256. Jimmy Durante in una foto del 1950. Durante fu uno showman fra i più famosi negli Stati Uniti.

256. *The "Schnozz," about 1950. Jimmy Durante was one of an increasing number of Italian-American entertainment legends.*

257 e 258. Non solo divi del palcoscenico, ma anche grandi sportivi. A destra: Joe DiMaggio, star del baseball. In basso: DiMaggio e il pugile Rocky Marciano accompagnano il presidente Eisenhower all'annuale partita di baseball del Congresso. Entrambe le foto sono state scattate attorno al 1950.

257 and 258.   Not only famous entertainers but also great athletes. At right: Baseball superstar Joe DiMaggio. Below: DiMaggio and boxer Rocky Marciano accompany President Eisenhower to the annual Congressional baseball game, Washington, D.C. Both photographs are from about 1950.

258

259. New York, 1950. Vincent Impellitteri, sindaco di New York, parla al congresso dei Cavalieri di Colombo. Candidato nella lista dell'Experience Party, Impellitteri ebbe la meglio sugli avversari di altri partiti, tutti colleghi italo-americani.

259. *Vincent Impellitteri, Mayor-elect of New York, addressing the Knights of Columbus convention, New York, 1950. Running for mayor on the Experience Party ticket, Impellitteri defeated the nominees of the Republican, Democratic and American Labor parties, all fellow Italian Americans.*

260. New Jersey, 1952. Peter Rodino (a destra), Joseph Benucci (a sinistra) e Anthony Suriano (al centro), durante la campagna elettorale per il Congresso.

260. *New Jersey's Peter Rodino' (right), with Joseph Benucci (left) and Anthony Suriano (center), during his 1952 congressional campaign.*

261. Washington, 1958. Gina Lollobrigida in compagnia di alcuni membri italo-americani del Congresso.

261. *Film star Gina Lollobrigida with congressmen of Italian descent. Washington, D.C., 1958.*

262. Roma, 1960 circa. Victor Anfuso arriva a Roma. Anfuso fu deputato al Congresso' per la zona di Brooklyn, magistrato della Città di New York e della Suprema Corte di Giustizia dello Stato di New York.

262. *Congressman Victor Anfuso arriving in Rome, about 1960. Anfuso served five terms in the U.S. Congress as representative from Brooklyn. He was also Magistrate of the City of New York as well as State Supreme Court Justice.*

262

263.   Enrico Fermi, uno dei padri della bomba atomica. Fermi si trasferì negli Stati Uniti alla fine del 1938, dopo aver ricevuto il premio Nobel per aver realizzato la prima fissione dell'atomo, in via Panisperna, a Roma. Lavorò all'Istituto per gli Studi Nucleari dell'Università di Chicago. Morì nel 1954.

264.   Membri della Sezione 89 (nella quale erano rappresentati gli operai tessili italiani che lavoravano nel settore femminile), al trentesimo congresso dell'ILGWU. Miami Beach, Florida, 1959.

265.   New York, 1951. Il testimone principale Frank Costello depone di fronte alla Commissione Kefauver. La Commissione, che prese il nome del suo Presidente, fu istituita dal Senato per indagare sul crimine organizzato, e in particolare sulla Mafia.

263.   *Italian-born atomic physicist Enrico Fermi, who after receiving the Nobel Prize 1938 emigrated to the U.S., where he supervised the building of the first atomic pile that demonstrated the feasibility of constructing the atomic bomb. Distinguished member of the University of Chicago's Institute for Nuclear Studies, Fermi died in 1954.*

264.   *Members of Local 89 (Italian Waist and Dressmakers Union) at the 30th International Ladies Garment Workers Union convention in Miami Beach, Florida, in 1959.*

265.   *Star witness Frank Costello before the Senate Crime Investigating Committee, chaired by Senator Estes Kefauver, New York, 1951. The Kefauver committee declared war on the Mafia. The climate created was favorable to the revival of ethnic prejudice.*

264

265

266

266. New York, 1952. Pranzo in onore dell'immigrato italiano del secolo: Santa Francesca Cabrini.

266. *Dinner in honor of the Italian immigrant of the century, St. Frances Xavier Cabrini, New York, 1952.*

267. San Francisco, 1948. Peter Busalacchi e il figlio Joe mentre riparano le reti.

267. *Peter Busalacchi and son Joe mending nets, San Francisco, 1948.*

267

268

268. Fortune Pope e signora a colloquio con John F. Kennedy, 13 novembre 1963. Pope era il proprietario de ''Il Progresso italo-americano'', giornale in lingua italiana di New York.

268. *Fortune Pope, proprietor of New York's Italian-language newspaper,* Il Progresso italo-americano, *and Mrs. Pope with President Kennedy, the White House, November 13, 1963.*

269. South Omaha, Nebraska, 1950. Stabilimento italiano per la produzione e l'imbottigliamento del vino.

269. *Italian winery and bottling works. South Omaha, Nebraska, in about 1950.*

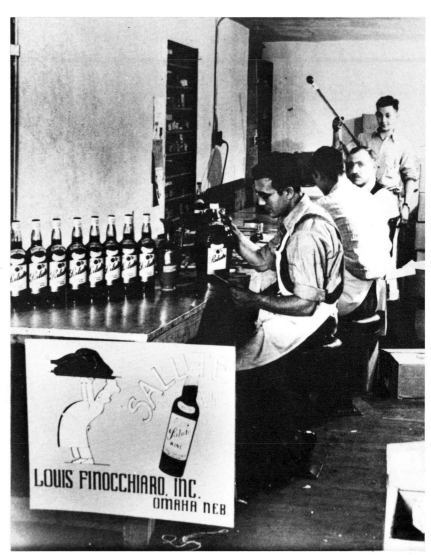

269

271

270 e 271. L'American Committee on Italian Migration (ACIM) era l'unica organizzazione italo-americana del dopoguerra che chiedeva l'abolizione del discriminante sistema della quota, in vigore dagli Anni Venti, che limitava il numero degli immigranti dal Sud Europa. La vittoria fu conquistata nel 1965, quando il presidente Johnson firmò il New Immigration Act. Nella foto 270: i delegati al terzo simposio dell'ACIM attorno al presidente Kennedy, Washington, 1963. Nella foto 271: una delegazione dell'ACIM incontra il presidente Johnson, Washington, 1965.

270 and 271.   During the postwar period, the American Committee on Italian Migration (ACIM) was the only Italian-American organization advocating the abolition of the discriminatory quota system in American immigration, which had been in effect since the 1920s. Victory was achieved in 1965, when President Johnson signed the New Immigration Act. In the upper photo: delegates to ACIM's third symposium surround President Kennedy, Washington, D.C., 1963. Lower photo: an ACIM delegation meets with President Johnson in 1965.

272.   Il giudice Michael Angelo Musmanno, Pennsylvania State Supreme Court Justice. Musmanno fu uno degli avvocati della difesa durante il processo a Sacco e Vanzetti, e fu uno dei giudici al processo sui crimini di guerra a Norimberga. Morì nel 1968.

272.   *Judge Michael Angelo Musmanno, Pennsylvania State Supreme Court Justice. In the course of his distinguished career, Judge Musmanno served as defense counsel in the Sacco and Vanzetti case and presided at the International Military Trials of War Crimes at Nuremberg. He died in 1968.*

273. New York, 1957. La scuola elementare della parrocchia di St. Joseph.
Le strutture religiose costruite in questo periodo significarono una nuova
affermazione dello stile di vita americano.

273. *St. Joseph's parochial school children, New York, 1957. Religious struc-
tures built during this period symbolized a new affluence and a reaffirma-
tion of the American way of life.*

274. Bronx, New York, 1958. L'attrice Anne Bancroft, all'anagrafe Maria Italiano, visita il quartiere che le ha dato i natali.

274. Actress Anne Bancroft photographed in 1958 taking a look at the neighborhood in the Bronx, New York, where she was born Maria Italiano twenty-six years before.

VIVERE AMERICANO

di JERRE MANGIONE

QUANDO il presidente Lyndon Johnson, nel corso di una cerimonia alla Statua della Libertà, appose la sua firma alla legge sull'immigrazione (Immigration Act) del 1965, le clausole discriminatorie nei confronti degli italiani vennero finalmente eliminate. Per gli italoamericani, il più vasto gruppo etnico americano di questo secolo, la nuova legge rappresentò una significativa affermazione dell'impressionante primato da essi raggiunto come membri della società americana.

Dai quartieri degli immigrati erano già emersi italoamericani che si distinguevano in tutti i maggiori settori della vita americana e nell'aula del Senato degli Stati Uniti e alla Camera dei Rappresentanti si erano cominciati a sentire regolarmente nomi italiani. Gli italoamericani cominciarono ad essere scelti come governatori o sindaci di città piccole e grandi per occuparsi dei bisogni di una società sempre più complessa. Tra di loro, negli anni Settanta, vi fu Ella Grasso, la prima donna italoamericana ad essere eletta governatore. Nello stesso decennio, per un intreccio della storia sottilmente simbolico, il figlio di un immigrato italiano, l'ex governatore del Massachusetts John Volpe, fu il primo italoamericano inviato in Italia in qualità di ambasciatore degli Stati Uniti.

Fin dal 1948 Albert Q. Maisel aveva osservato che "nel breve lasso di tempo di una sola generazione, milioni di italoamericani sono arrivati ad occupare una posizione di piena uguaglianza — e spesso di grande prestigio — in ogni campo in cui abbiano tentato". Tuttavia la strada verso la vita americana era sbarrata da ostacoli che impedirono a milioni di altri italoamericani di raggiungerla. Probabilmente i tre ostacoli più gravi furono: gli irrisolti problemi di identità derivanti dal fatto di essere italiani dentro casa e americani fuori; l'incapacità della maggior parte degli immigrati di procurare ai propri figli nulla di più della minima istruzione scolastica richiesta dalla legge; e, ultimo ma non per questo meno importante, i sistemi di assunzione anti-italiani prevalenti in molte parti della nazione prima della Seconda Guerra Mondiale.

Con l'apparizione della terza e della quarta generazione negli anni 50 e 60, la situazione cominciò a mutare drasticamente. In sempre maggior numero gli italoamericani cominciarono ad acquisire un'istruzione superiore in tutti i campi della conoscenza, non più limitati dalle idee del Vecchio Mondo secondo le quali solo per le professioni tradizionali (medico, avvocato, dentista) valeva spendere in istruzione e che conveniva mandare a scuola solo i maschi. A differenza dei loro genitori, questi giovani italoamericani raramente sentono il problema dell'identità biculturale: molti di essi possono facilmente mettersi in relazione con la cultura dei loro antenati e le radici italiane divengono per essi una gradita fonte di supporto psicologico. Nonostante le persistenti eco di maldicenza ai danni degli italoamericani ("Dove potremmo trovare un italoamericano onesto?", chiese con scetticismo Richard Nixon in uno dei nastri registrati alla Casa Bianca), gli italoamericani si adeguarono con fiducia al modo di vivere americano. Ma i mutamenti non avvengono mai senza un prezzo da pagare. Molti dei vecchi quartieri italoamericani sono scomparsi sotto la pressione dell'ascendente mobilità sociale e del rinnovamento urbano. Quelli che sopravvivono — soprattutto in grandi città come New York, Filadelfia, Boston e Chicago — continuano a fungere da calamite per gli americani che apprezzano il gusto e il brio di un'atmosfera che è genuinamente italiana. Spesso ad immettere vitalità nelle "Piccole Italie" ancora esistenti è la presenza di nuovi immigrati italiani che continuano ad arrivare regolarmente fin dall'approvazione dell'Immigration Act del 1965.

Se gli accelerati progressi degli italoamericani negli anni 60 e 70 rappresentano tappe significative, i restanti anni di questo secolo si dimostreranno i più ricchi di progressi. E' già evidente che in tutti i campi gli italoamericani rappresentano una forza vibrante e più umana: come educatori e uomini politici, artisti e scrittori, musicisti e studiosi, uomini d'affari e attori, atleti e giuristi, scienziati e medici, ecc. La loro influenza promette bene per una società più raffinata e gradevole che in futuro verrà condivisa da tutti gli americani.

IN THE MAINSTREAM

by JERRE MANGIONE

WHEN President Lyndon Johnson signed into law the 1965 Immigration Act at the Statue of Liberty, the discriminatory clauses against Italians were finally eliminated. For the Italian Americans, the largest of this century's American ethnic groups, the new law represented a significant affirmation of the impressive record they had achieved as members of American society.

From immigrant neighborhoods had already emerged distinguished Italian Americans in every major sector of American life. Italian names had begun to be heard regularly in the U.S. Senate and House of Representatives. Italian-American governors and mayors of small and large cities were being chosen to serve the needs of an increasingly complex American society. Among them, in the Seventies, was the first elected Italian-American woman governor, Ella Grasso. In the same decade by a nicely symbolic twist of history, the son of an Italian immigrant, former Massachusetts Governor John Volpe, was sent to the Republic of Italy to represent the United States as the first Italian American to be appointed to that ambassadorship.

As early as 1948 Albert Q. Maisel observed, "in the span of a single generation millions of Italian Americans have come to occupy a position of full equality — and often of great distinction — in every field of endeavor." Yet the road to the American mainstream was blocked with hurdles that hindered millions of other Italian Americans from reaching it. Perhaps the three most difficult ones were: unresolved problems of identity that came from being Italian at home and Americans elsewhere; the inability of most immigrants to provide their children with any more than the minimum of schooling required by law; and last but not least, the anti-Italian hiring policies prevalent in many parts of the country before World War II.

With the coming of age of the third and fourth generations in the Fifties and Sixties, the situation began to change drastically. In increasing numbers, Italian Americans began to attend college in all fields of study — no longer restricted by the Old World views that only the traditional professions (doctor, lawyer, dentist) were worth the expense of education and that only males were worth educating. Unlike their parents, these younger Italian Americans seldom experienced bicultural identity problems: many can easily relate to the culture of their Italian forebears, and for them their Italian roots become a welcome source of psychic sustenance. Despite persistent echoes of anti-Italian-American slander ("Where," asked Richard Nixon skeptically in a White House tape, "would we find an honest Italian American?"), they join the American mainstream with confidence.

The changes taking place are not without their price. Many of the old Italian-American neighborhoods have dissolved under the pressures · of upward social mobility and urban renewal. Those that survive — mainly in such large cities as New York, Philadelphia, Boston and Chicago — continue to be magnets for Americans who delight in the flavor and verve of an atmosphere that is uniquely Italian. Often injecting vitality into the surviving Little Italies is the presence of the new Italian immigrants who have been arriving steadily since the Immigration Act of 1965.

If the accelerated progress of Italian Americans in the Sixties and Seventies is any indication, the remaining years of the century will prove to be the most progressive years of all. Already it is evident that Italian Americans in all fields constitute a vibrant and humanizing force — as educators, political leaders, artists, writers, musicians, scholars, business executives, actors, athletes, jurors, scientists, physicians, administrators, and more. Their influence augurs well for a more civilized and enjoyable society shared by all Americans of the future. □

275 e 276.   Little Italy, New York, giugno 1984. Due momenti della festa di San Gennaro. Nella pagina a fronte: gli addobbi per la festa si aggiungono alla scena già piena di colori. In alto: le offerte al Santo fatte dai devoti.

275 and 276.   *Two photographs taken in New York's Little Italy in June 1984 during the Feast of Saint Gennaro. Opposite page: the decorations for the event merely add another festive note to the already colorful scene. Above: the image of the saint with the offerings of the faithful.*

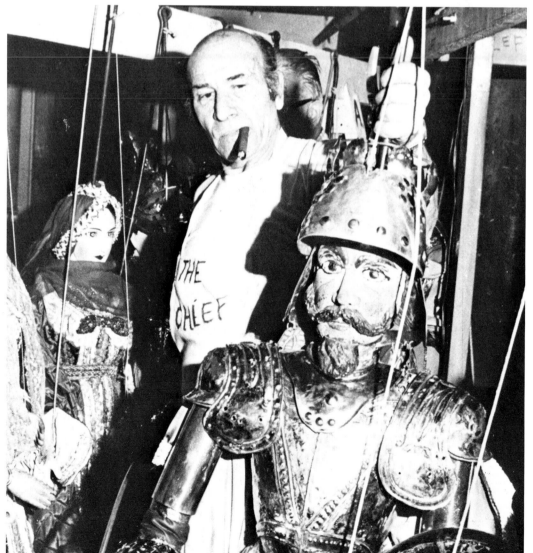

277. New York, 1973. Il negozio di frutta "Caruso".

277. Caruso's Fruit Exchange, New York, 1973.

278. New York, 1976. Michele Manteo fra i suoi pupi siciliani. Continuando la tradizione di suo padre Agrippino, Michele si esibisce con i pupi per gli studenti dell'Università di New York.

278. Michele Manteo, following in the footsteps of his father, Agrippino Manteo, brings his Sicilian marionettes to students at New York University, 1976.

278

279. Little Italy, New York, 1970. Intorno ad un tavolo, come al paese.

279. *A scene of daily life in New York's Little Italy in the early 1970s.*

280. New York, 1975. La consegna del pane a Mulberry Street.

280. *A bread delivery on Mulberry Street, New York, 1975.*

281

LA Festa dei Gigli, celebrata nel mese di giugno a Nola (Napoli), è una delle più antiche feste religiose dell'Italia meridionale. Una processione di otto torri, alte venticinque metri ciascuna, si snoda per le vie della cittadina campana, per ricordare il trionfale ritorno del vescovo San Paolino dall'Africa, dove si era recato per liberare alcuni cittadini di Nola ridotti in schiavitù dai Vandali. Le torri, otto in rappresentanza dei cittadini che furono deputati a ricevere il Santo, simboleggiano i gigli che i Nolani, in segno di omaggio e di gratitudine, offrirono al loro eroico vescovo. La tradizione emigrò in America nei primi anni del secolo, e la prima celebrazione dei "gigli" ebbe luogo a Brooklyn nel 1903. Negli Stati Uniti ci sono oggi quattro "gigli", uno nel New Jersey e tre a New York, tutti importati da Nola.

281. Astoria, New York, 1973. Un momento della Festa dei Gigli. Gli uomini che portano la torre in processione sono accompagnati dal ritmo della banda.

281. *A glimpse of the Festa dei Gigli, or Feast of the Lilies, in Astoria, New York, 1973. The men bearing the structure in procession move to the rhythms of the band.*

282. Brooklyn, New York, 1975. Un "giglio" della parrocchia del Monte Carmelo in tutta la sua altezza.

282. *Full view of the giglio of the Mount Carmelo parish, Brooklyn, New York, 1975.*

282

*O*NE of southern Italy's oldest religious festivals is the Festa dei Gigli, or Feast of the Lilies, which takes place in June in the Campanian town of Nola in honor of Saint Paolino, bishop of Nola who died in the year 431. It is celebrated with an extraordinary procession of eight obelisk-shaped constructions over 85 feet tall, known as gigli, or lilies. They are symbolic references to the flowers offered to the bishop upon his triumphal return from Africa, where he had gone to free citizens of Nola who had been taken into slavery by the Vandals. With natives of the town the tradition emigrated to America, where the first such celebration took place in 1903 in Brooklyn. Today there are four gigli in the U.S., one in New Jersey and three in New York city and state. And all four were made in Nola.

Italian Tribune

ACE ALAGNA
Publication

LARGEST ITALIAN-AMERICAN *Picture* NEWSPAPER

Volume 47, No. 45 ★ ★ ESTABLISHED 1931 — OUR FORTY-EIGHTH YEAR Friday, November 10, 1978

ELECTION WINNERS!

U.S. Senate

Bill Bradley
New Jersey

New Jersey Congressmen

Peter W. Rodino, Jr.
District 10

Joseph G. Minish
District 11

Matthew J. Rinaldo
District 12

James Florio
District 1

Frank Guarini
District 14

Essex County

Peter Shapiro
County Executive

Martin Scaturo
Freeholder-at-Large

Angelo Cifelli
Freeholder District 1

Hudson County

Morris T. Longo
Freeholder District 2

Steve Cappiello
Freeholder District 6

Angelo A. Cifelli
Freeholder District 9

Jerome Greco
Freeholder-at-Large

Robert Russo
Freeholder District 5

Conn.

Ella Grasso
Governor

New York

Mario Cuomo
Lieutenant Governor

Peter M. Mocco
Freeholder District 8

Frank Manzo
Freeholder District 4

283. Prima pagina dell' "Italian Tribune" del 10 novembre 1978. Il giornale, pubblicato a Newark, nel New Jersey, mostra l'elevatissima percentuale italiana fra i vincitori delle elezioni.

283. Front page of the Newark, New Jersey, Italian Tribune, *November 10, 1978, showing a large number of Italian Americans among election winners.*

284. Joe Alioto durante la campagna elettorale per la carica di sindaco di Los Angeles, nel 1971.

284. *Joe Alioto campaigning for mayor of Los Angeles in 1971.*

285. New York, 1973. Membri del club democratico di Frank J. Russo.

285. *Members of the Frank J. Russo Democratic Club, New York, 1973.*

In the Mainstream - IMAGES

286. New York, 1970. "Potere italo-americano" è lo slogan che "veste" questa donna.

286. *Ethnic pride and ethnic activism in New York, 1970.*

286

287. New York, 1970. Nella giornata dell'unità italo-americana anche il Lenny's Service Center, aperto notte e giorno, chiude i battenti.

287. *Italian-American Unity Day is an exception, New York, 1970.*

287

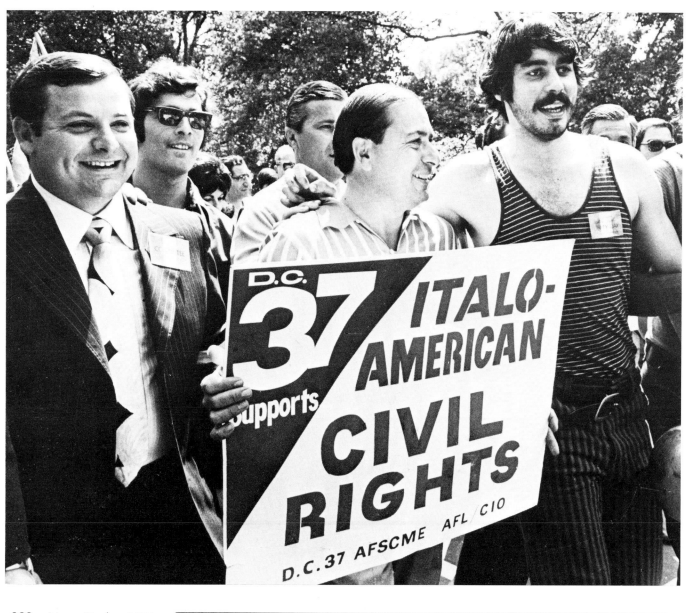

288. New York, 1971. Giornata dell'unità italo-americana. Nella foto: il discusso leader sindacale Joseph A. Colombo (al centro) e suo figlio (a sinistra).

288. *Joseph A. Colombo, Sr. (center), labor leader of disputed reputation, on Italian-American Unity Day, New York, 1971.*

289. Somerville, Massachusetts, 1976. Il governatore del Connecticut Ella T. Grasso, la prima donna italo-americana ad aver retto un governatorato.

289. *Connecticut's Governor Ella T. Grasso, the first Italian-American woman to hold a governorship. Somerville, Massachusetts, 1976.*

289

In the Mainstream - IMAGES

290. New York, 28 giugno 1971. Manifestazione nella giornata dell'unità italo-americana. La foto è stata scattata pochi attimi prima dell'attentato a Joseph A. Colombo.

290. *Italian-American Unity Day rally, New York, June 28, 1971. The photograph was taken moments before Joseph A. Colombo, Sr., was shot.*

291. Roma, 1978. La delegazione americana ai funerali di Aldo Moro. Terzo, quarto e quinto da sinistra sono rispettivamente: Joseph Califano, Jr., ministro della Sanità, Pete V. Domenici, Senatore del Nuovo Mexico e Frank Annunzio, rappresentante dell'Illinois al Congresso.

291. *United States delegation to the funeral of Italian statesman Aldo Moro, arriving in Rome in 1978. At center, third, fourth and fifth from left, are: Joseph Califano, Jr., Secretary of Health, Education and Welfare; Pete V. Domenici, Senator from New Mexico; Frank Annunzio, Congressman from Illinois.*

292. Allamuchy, New Jersey, Columbus Day 1976. L'inaugurazione della Christopher Columbus Memorial Highway fu il risultato della campagna condotta dall'UNICO National, un'associazione fondata nel 1922 per promuovere il patrimonio italiano come forza creativa nella cultura americana.

292. *The dedication of the Christopher Columbus Memorial Highway (New Jersey portion of Interstate 80), at Allamuchy, New Jersey, on Columbus Day 1976, was the culmination of a vigorous campaign by UNICO National, a social service organization founded in 1922 to foster and promote the Italian heritage as a creative force in American culture.*

293. Washington, 1977. Il presidente Jimmy Carter dichiara il Columbus Day festa nazionale.

293. *President Jimmy Carter declares Columbus Day a national holiday, Washington, D.C., 1977.*

293

In the Mainstream - **IMAGES**

294. L'ambasciatore John Volpe e la moglie posano con alcuni parenti sul balcone dell'antica casa di famiglia a Pescosansonesco (Pescara), nel 1973.

294. *Ambassador and Mrs. John Volpe pose with his aunt and her family on the balcony of the Volpe family home in Pescosansonesco, in Italy's Abruzzo region, in 1973.*

295. Jersey City, New Jersey, 1975. ''Libertà per i sette italo-americani rinchiusi nel riformatorio di Yardsville. Aiutateci a combattere le persecuzioni nei confronti degli italiani''

295. *Fighting another case of ethnic injustice, Jersey City, New Jersey, 1975.*

296. New York, 1975. Conferenza stampa del CIAO (Congress of Italian-American Organizations). Sta parlando la presidente Mary Sansone.

296. *Congress of Italian-American Organizations (CIAO) press conference, New York, 1975. Speaking is CIAO president, Mary Sansone.*

297. Staten Island, New York, 1976. Manifestazione di protesta al Garibaldi-Meucci Museum. "Meucci, il vero inventore del telefono", dice la scritta. Ventisei anni prima che Alexander Graham Bell presentasse la sua invenzione alla Philadelphia Exposition del 1876, l'immigrato italiano Antonio Meucci, un autodidatta, aveva costruito un telefono primitivo che consisteva in un semplice diaframma collocato alle due estremità di un filo di rame agganciato ad una batteria.

297. *Protest-gathering, Garibaldi-Meucci Museum, Staten Island, New York, 1976. Twenty-six years before Alexander Graham Bell presented his invention at the Philadelphia Exposition of 1876, the impoverished, self-taught Italian immigrant Antonio Meucci had constructed a primitive telephone consisting of simple diaphragms placed at both ends of an eight-foot length of copper wire hooked up to a battery.*

299

298. New York, 1978. Il vescovo Francis J. Mugavero, della diocesi di Brooklyn. L' "Italian Board of Guardians", un'organizzazione con sede a Brooklyn fondata nel 1936, intende aiutare gli immigrati di origine italiana, in particolar modo quelli appena arrivati.

298. *Bishop Francis J. Mugavero of the Diocese of Brooklyn, New York, in 1978, at the Italian Board of Guardians, a Brooklyn-based organization, founded in 1936 which aims to aid people of Italian descent, particularly immigrants.*

299. Queens, New York, 1978. "Awareness day": le associazioni italo-americane dell'area di New York si incontrano per discutere il loro ruolo di forza compatta all'interno della vita politica americana.

299. *"Awareness Day," Queens, New York, 1978. New York-area Italian-American associations meet to discuss their role as a "homogeneous and compact force" in American political life.*

300. Il dr. Rocco Petrone (terzo da sinistra), direttore del programma "Apollo", attende gli sviluppi del ritardo nel conto alla rovescia per il lancio dell'Apollo 17.

300. *Waiting out the Apollo 17 lift-off delay, is Dr. Rocco Petrone (third from left), director of the Apollo program.*

301. Nel 1976 si tenne a New York un convegno che aveva per argomento lo stato degli studi sugli italo-americani. La foto ci mostra tre fra i numerosi partecipanti. Da sinistra a destra: Luciano Iorizzo, presidente dell'American Italian Historical Association; Silvano Tomasi, direttore del Center for Migration Studies di New York; Peter Sammartino, fondatore della Fairleigh Dickinson University.

301. *Symposium on the state of Italian-American research, New York, 1976. Among the participants, from left to right, are Luciano Iorizzo, president of the American Italian Historical Association; Silvano Tomasi, director of the Center for Migration Studies of New York; and Peter Sammartino, founder of Fairleigh Dickinson University.*

In the Mainstream - **IMAGES**

302

302. John Cappelletti, numero 22 dei Los Angeles Rams, si tuffa fra due giocatori dei Pittsburgh Steelers, Jack Ham e Mike Wagner.

302. *Los Angeles Rams fullback John Cappelletti (No. 22) dives through the Pittsburgh Steelers' Jack Ham and Mike Wagner.*

303. Giant Stadium, Rutherford, New Jersey, 1978. Giorgio Chinaglia, con la maglia del Cosmos di New York, impegnato contro i suoi ex compagni di squadra della Lazio.

303. *Giant Stadium, Rutherford, New Jersey, 1978. Giorgio Chinaglia of the New York Cosmos competing against his former teammates of the Italian Lazio Squad.*

303

304

304. Miami, Florida, 1968. L'allenatore dei Green Bay Packers, Vince Lombardi, portato in trionfo dopo la vittoria al Superbowl.

304. *Green Bay Packers coach Vince Lombardi after the Superbowl victory in Miami, Florida, in 1968.*

305. New York, 1971. Il detective Frank Serpico testimonia davanti alla commissione Knapp.

305. *Frank Serpico testifying before the Knapp Commission, New York, 1971.*

305

306. Washington, 1976. Il giudice John J. Sirica con Peter Rodino, Jr., presidente della Commissione giustizia del Congresso.

306. *Congressman Peter Rodino, Jr. (right), chairman of the House judiciary committee, together with Judge John. J. Sirica.*

306

FIFTY CENTS   JANUARY 7, 1974

TIME

MAN OF THE YEAR

Judge John Sirica

307. L'uomo del 1974, secondo "Time", è il giudice John J. Sirica, che fu ìmpegnato in tutte le fasi del caso Watergate. A questo proposito, Sirica ha detto: "In un momento in cui la parola 'politica' era sinonimo di corruzione, e le istituzioni erano guardate con profonda sfiducia e cinismo, la legge offrì alla gente qualcosa in cui credere" (da "To Set the Record Straight", di John J. Sirica).

307. *Judge John J. Sirica, Time's "man of the year" for 1974. In the words of Sirica, who was involved in just about every phase of the Watergate case: "At a time when the very word 'politics' seemed tainted, when many of our governmental institutions were regarded with deep cynicism and distrust, the law and the courts offered something for the people to believe in." (John J. Sirica,* To Set the Record Straight*)*

308. Il presidente della Corte Suprema Warren Burger nell'atto di ricevere il giuramento dell'on. Edward D. Re come presidente della Corte doganale degli Stati Uniti, New York, 1977.

308. *Chief Justice Warren Burger of the U.S. Supreme Court swearing in the Honorable Edward D. Re as Chief Justice of the U.S. Customs Court, New York, 1977.*

308

309. Washington, 1978. Joseph J. Sisco, rettore dell'American University, riceve studenti e genitori all'apertura dell'anno accademico.

309. *Joseph J. Sisco, president of the American University, Washington, D.C., greets students and parents during the fall 1978 orientation week.*

309

310. New Haven, Connecticut, 1978. A. Bartlett Giamatti, rettore della Yale University, saluta una nuova studentessa.

310. A. Bartlett Giamatti, president of Yale University, greets a new freshman, New Haven, 1978.

311. Washington, ottobre 1980. Si celebra l'emissione di un francobollo commemorativo nel duecentocinquantesimo anniversario della nascita di Philip Mazzei, patriota italo-americano. Nella foto da sinistra a destra: Peter Sammartino, fondatore della Fairleigh Dickinson University; Del Grosso, del Ministero delle Poste; Suor Margherita Marchione, biografa di Mazzei.

311. Celebration in Washington, D.C., in October, 1980, for the issue of a postage stamp commemorating the 250th anniversary of the birth of Italian-American patriot Philip Mazzei. In the photo, from left to right: Peter Sammartino, founder of Fairleigh Dickinson University, Postmaster Del Grosso, and Sister Margherita Marchione, Mazzei's biographer.

Philip Mazzei
Patriot Remembered

USAirmail

312. "The New York Times Magazine", 15 maggio 1983. Una folta schiera di italo-americani "arrivati".

312. *A host of Italian Americans "at the top," The New York Times Magazine, May 15, 1983.*

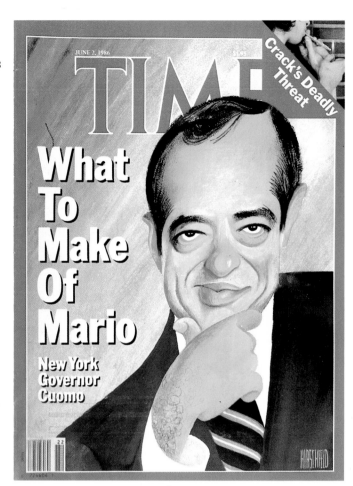

313

313. Mario Cuomo, governatore dello Stato di New York: in questo momento è uno degli italo-americani di maggior rilevanza.

313. *New York's governor is today one of the most outstanding among outstanding Italian Americans.*

314

314. Washington, ottobre 1986. Antonin Scalia, magistrato della Corte Suprema dal luglio 1986, mentre parla al gala annuale della National Italian American Foundation (NIAF), durante il quale è stato premiato per i notevolissimi traguardi raggiunti.

314. *Antonin Scalia, appointed Associate Justice of the U.S. Supreme Court in July 1986. Judge Scalia is seen here speaking in October at the annual dinner of the National Italian American Foundation (NIAF), held in Washington, D.C., at which he was honored for his achievements.*

315. Copertina di ''Identity'' dell'aprile 1977; da sinistra a destra: il vinaio August Sebastiano con i figli Sam e Don, Sonoma, California.

315. On the cover of the short-lived magazine Identity are, from left to right, the vintners August Sebastiano and his sons Sam and Don, in Sonoma, California, in 1977.

316

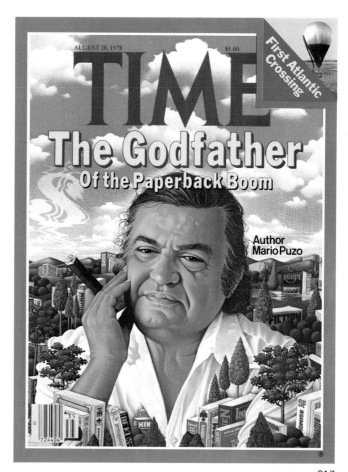

317

316 a 319.   Dalla scena alla politica, dalla chiesa alla macchina da scrivere: gli italo-americani si distinguono nelle attività più disparate.

316 to 319.   *From entertainer and writer to prelate and politician, the endeavors in which Italian Americans excel are richly varied.*

318

319

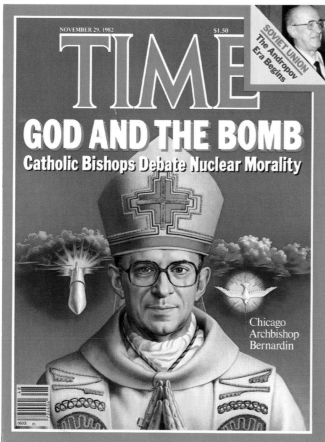

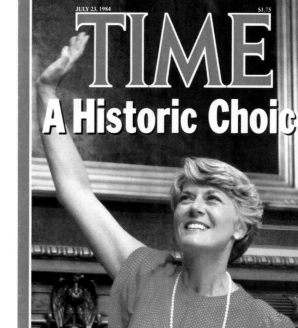

320. Sulla copertina di ''Newsweek'' dell'aprile 1977, un altro italo-americano di fama mondiale: Sylvester Stallone.

320. *Another Italian American known worldwide: motion picture superstar Sylvester Stallone.*

321. Los Angeles, 1975. Francis Ford Coppola (a destra) e suo padre Carmine alla cerimonia per la consegna dei premi Oscar. Il film ''Il Padrino, parte seconda'', di cui i due Coppola erano rispettivamente regista e autore della colonna sonora, vinse quattro Oscar.

321. *Carmine Coppola (left) and his son Francis Ford Coppola at the annual Academy Awards presentation, Los Angeles, 1975. The film* The Godfather, Part II, *of which Francis Ford Coppola was director and his father composer of the sound track, won four Oscars.*

321

IMAGES - *Vivere americano*

322. Lawrence Ferlinghetti (sulla destra in piedi) legge le sue poesie ad un gruppo di amici e poeti, nel suo negozio di libri a North Beach, in California. La libreria di Ferlinghetti, che si chiama "City Lights", Luci della Città, è stata a lungo il cuore della vita letteraria di San Francisco.

322. *Lawrence Ferlinghetti (standing at right) reads his poetry to friends and other poets in his City Lights Bookstore in North Beach, California. Ferlinghetti's bookshop has long been the center of San Francisco's poetry scene.*

323. Robert De Niro (a destra) è Vito Corleone da giovane ne "Il Padrino, parte seconda".

323. *Robert De Niro (right) as the young Vito Corleone in the film* The Godfather, Part II.

324

324. Washington, 1985. Frank Sinatra viene premiato al gala della NIAF. A sinistra, il presidente Ronald Reagan e Jeno F. Paulucci, chairman della NIAF. Sulla destra, il senatore Pete V. Domenici.

324. *Frank Sinatra receives an award at the NIAF 1985 dinner in Washington. At left, President Ronald Reagan and Jeno F. Paulucci, chairman of the NIAF. At right, Senator Pete V. Domenici.*

325. Washington, settembre 1984. L'onorevole Geraldine Ferraro con Rinaldo Magnani, presidente della Regione Liguria, al gala della NIAF.

325. *Congresswoman Geraldine Ferraro with Rinaldo Magnani, governor of the Italian region of Liguria, at the September 1984 NIAF dinner in Washington, D.C.*

325

326. Washington, 1982. Il deputato Frank Annunzio con Sophia Loren al gala della NIAF.

326. *Congressman Frank Annunzio with Sophia Loren at the NIAF dinner in Washington in 1982.*

327. Washington, ottobre 1986. L'ex ambasciatore degli Stati Uniti in Italia, John Volpe, assieme a Gianni Agnelli al gala della NIAF, durante il quale il presidente della FIAT ha ricevuto un riconoscimento.

327. *The president of FIAT Giovanni Agnelli with former U.S. ambassador to Italy John Volpe at the October 1986 NIAF dinner in Washington, D.C., at which Agnelli was honored with an award.*

327

*In the Mainstream - ** IMAGES**

328. Washington, novembre 1983. John Volpe col famoso regista Frank Capra, che ha ricevuto un riconoscimento al gala della NIAF.

328. *John Volpe, with celebrated film director Frank Capra, who here receives the A.P. Giannini Memorial Award at the NIAF dinner in Washington, D.C., in November 1983.*

329. Washington, settembre 1984. Il presidente della NIAF, Frank D. Stella al gala della Fondazione. Stella è fra il presidente Reagan e la moglie. All'estrema sinistra il vicepresidente Bush.

329. *President of the NIAF, Frank D. Stella at the Foundation's dinner in Washington in September 1984, flanked by President and Mrs. Reagan, and Vice President Bush, at the far left.*

329

IMAGES - *Vivere americano*

330. Washington, 1984. Dolores De Fina (la moglie di Bob Hope) parla al gala della NIAF, dove ha ricevuto un riconoscimento per il suo grande impegno sociale.

330. *Dolores De Fina (Mrs. Bob Hope) speaking at the 1986 NIAF dinner in Washington, D.C., at which she received an award for her notable humanitarian works.*

331. New York, Columbus Day 1985. Il deputato Mario Biaggi passa sulla Quinta Strada, affiancato dalla Banda dei Carabinieri. Il viaggio negli Stati Uniti della Banda è stato organizzato dalla NIAF e dalla rivista "Italy Italy".

331. *Congressman Mario Biaggi rides up Fifth Avenue in New York on Columbus Day 1985, flanked by the Carabinieri Band. The band was brought from Italy for the occasion under the auspices of* Italy Italy *magazine and the NIAF.*

*In the Mainstream - **IMAGES***

332. Il presidente della Chrysler Corporation Lee Iacocca e sua madre Antoinette, fotografati nella Great Hall di Ellis Island. Entrambi i genitori di Iacocca emigrarono dall'Italia. Organizzatore delle celebrazioni che hanno avuto luogo a New York il 4 luglio 1986, nel centenario della Statua della Libertà, Iacocca sta cercando di realizzare, in quella che era la Stazione d'immigrazione di Ellis Island, un museo che documenti la saga degli emigranti, dall'Europa al principale scalo della costa orientale degli Stati Uniti.

332. Chrysler Corporation Chairman Lee Iacocca and his mother, Antoinette, in the Great Hall on Ellis Island. Both of Mr. Iacocca's parents emigrated from Italy. Organizer of the centennial celebration of the statue of Liberty in New York on the Fourth of July, 1986, Mr. Iacocca aims to turn the former Immigration Station into a museum documenting the saga of emigration from Europe to the principal East Coast port of the United States.

John Dominis - Wheeler Pictures

333. New York, Columbus Day 1985. La Banda dei Carabinieri sfila per la Quinta Strada.

333. *Italy's Carabinieri Band parading up Fifth Avenue in New York on Columbus Day 1985.*

334. New York, Quinta Strada, Columbus Day 1985. Col pennacchio, da sinistra a destra: il senatore Alfonse M. D'Amato; Mario Cuomo, governatore dello Stato di New York; il sindaco di New York, Edward Koch.

334. *New York, Columbus Day 1985. Donning Carabinieri hats on Fifth Avenue are, from left to right, U.S. Senator Alfonse M. D'Amato, Mario Cuomo, Governor of the State of New York, and New York City's Mayor Edward Koch.*

335. New York, 4 luglio 1986. Fuochi d'artificio per il centesimo compleanno di "Miss Liberty", che è stata festeggiata nel giorno in cui gli Stati Uniti ricordavano la loro Indipendenza.

335. *Spectacular pyrotechnic tribute to Lady Liberty, Centennial of the Statue of Liberty, New York, Fourth of July, 1986.*

334

Photo by Richard Berenholtz

In the Mainstream - **IMAGES**

RAVVIVARE UN PATRIMONIO

di JENO F. PAULUCCI

PER gli italoamericani una visita in Italia è un ritorno a casa, un ritorno in una terra presente nella memoria sin dall'infanzia, o vista solo attraverso gli occhi di genitori o nonni. Ma è sempre un ritorno a casa per una parte vitale di noi stessi, lasciata indietro molti anni prima. Una volta un mio amico osservava che molta altra gente ha delle radici, ma gli italiani sono come delle viti, viti che crescono e producono, ma che rimangono sempre attaccate alla loro origine.

Di più, gli italoamericani stanno divenendo consapevoli della ricchezza e dell'importanza del loro patrimonio. Rimane l'orgoglio per la cultura e i valori trasmessi di generazione in generazione, e l'orgoglio per la nuova Italia, dinamica, che si rinnova, ma eternamente bella.

Ho spesso il desiderio di ravvivare il mio patrimonio italiano, quel "sentirsi" italiano che deriva solo dal contatto con la gente nativa di questa meravigliosa terra.

Questo desiderio di ritornare non è affatto un fenomeno nuovo. Fin dall'inizio dell'emigrazione italiana verso l'America, ci fu un costante flusso avanti e indietro tra il Nuovo Mondo e i villaggi di un'Italia mai completamente dimenticata. C'è tuttavia una differenza tra quei primi immigrati e la seconda o terza generazione di italoamericani che sta ora riscoprendo l'Italia. Molti dei primi non persero mai la speranza di ritornare un giorno al loro suolo nativo. I loro discendenti, meglio integrati nello stile di vita americano e più certi della loro identità americana, tornano indietro col desiderio di abbracciare i loro due mondi e le loro due culture, sicuri e orgogliosi di entrambe. ☐

336. Hibbing, Minnesota, 1924 circa. Jeno Paulucci poco più che bambino, con la sorella Elizabeth e i genitori, Michelina ed Ettore, che nel 1912 emigrarono da Bellisio Solfare, in provincia di Pesaro.
337. Bellisio Solfare, 1986. Paulucci (con la cravatta rossa) durante la festa della Madonna del Sasso.

336

RECHARGING A HERITAGE

by JENO F. PAULUCCI

FOR Italian Americans, a visit to Italy is a homecoming — a return to a land remembered from childhood or seen only through the eyes of parents or grandparents. But always a coming home to a vital part of ourselves that was left behind many years before. A friend of mine once remarked that other people have roots, of course, but Italians are like vines. They spread, flower and bear fruit, but always remain attached to their source.

More and more, Italian Americans are becoming aware of the richness and importance of their heritage. There remains a pride in the culture and values passed down through the generations, and a pride in the new Italy, dynamic, changing, but eternally beautiful.

I often have a longing to recharge my Italian heritage, that feeling of being Italian that comes only from direct contact with the people native to that wonderful land.

This desire to return is by no means a new phenomenon. From the very beginning of Italian migration to America there was a constant flow back and forth between the New World and the villages of an Italy never completely forgotten.

There is a difference, however, between those original immigrants and the second- or third-generation Italian Americans who are now rediscovering Italy. Many of the immigrants never gave up the hope of one day returning to their native soil. Their descendants, better integrated into the American mainstream and more secure of their American identity, return with the desire to embrace their two worlds and cultures, secure in and proud of both. ☐

337

336. *Hibbing, Minnesota, around 1924. Jeno Paulucci as a small boy, with his sister Elizabeth and their parents, Michelina and Ettore, who had emigrated from Bellisio Solfare in the Marches region in 1912.*

337. *Bellisio Solfare, 1986. Jeno Paulucci (wearing red tie) takes a prominent part in the local Feast of the Madonna del Sasso.*

338. Il presidente della NIAF, Frank D. Stella in visita a Gualdo Tadino (Perugia) nel settembre 1986, durante la Festa delle Porte. I genitori di Stella partirono da Gualdo Tadino per gli Stati Uniti nel 1912.

338. *Frank D. Stella, President of the NIAF, in September, 1986, on a visit to Gualdo Tadino, a small town in Italy's Umbria region from where his parents emigrated to America in 1912. With Mr. Stella are local dignitaries dressed in historic costumes for the town's traditional Festival of Le Quattro Porte, held each year in September.*

339. Un gruppo di "ritornati" davanti al loro circolo. Siamo in provincia di Bari.

339. *In this photo taken in a small town near Bari in the Puglia region of southern Italy, a group of Italian-American senior citizens who have repatriated are gathered in front of their club.*

340. Aeroporto di Fiumicino, Roma, giugno 1986.
Il benvenuto ad un centinaio di italo-americani appena giunti
in Italia per un tour della penisola.
Organizzato dalla NIAF, in collaborazione con la rivista
"Italy Italy", questo viaggio è stato
il primo di un intero programma che verrà realizzato
negli anni a venire.

340

*340. Rome's Fiumicino airport, June 1986.
The "Welcome Home" signs greet a group of one hundred
Italian Americans arriving for
a tour of Italy. Organized by the NIAF in cooperation
with* Italy Italy *magazine,
the tour was the first of a projected program of such
trips to be developed over the coming years.*

Figure

72. Library of Congress. Photograph by Philip Brigandi.
73. Taken from "Vintage in California and Italy," *Overland Monthly*, October, 1909.
74. Washington County Historical Society, Fayetteville, Arkansas.
75. Centro Studi Emigrazione, Rome.
76. Centro Studi Emigrazione, Rome.
77. Washington County Historical Society, Fayetteville, Arkansas.
78. Museum of Joseph Petrosino, Certosa di San Lorenzo, Padula (Salerno).
79. New York *World*, April 23, 1903.
80. Taken from *Harper's Weekly*, 1891.
81. Centro Studi Emigrazione, Rome.
82. Cover of *Judge* magazine, April, 1891.
83. Photographic archive of *Italy Italy* magazine, Rome.
84. Centro Studi Emigrazione, Rome.
85. Photographic archive of the Santa Fe Railway.
86. Casa Italiana of Columbia University.
87. Brigham Young University, Provo, Utah.
88. Library of Congress.
89. Aldrich Public Library, Barre, Vermont.
90. Courtesy of Mrs. Joe Bonacci. Copy at the Utah State Historical Society, Salt Lake City.
91. International Museum of Photography, Rochester, New York. Photograph by Lewis W. Hine.
92. Photograph by Paola Agosti.
93. Brown Brothers, Sterling, Pennsylvania.
94. Center for Migration Studies of New York. Originally appeared in the *International Socialist Review*, 1911.
95. Brown Brothers, Sterling, Pennsylvania.
96. Illinois State Historical Library.
97. Brown Brothers, Sterling, Pennsylvania.
98. Rochester Museum and Science Center, Rochester, New York. Photograph by Albert R. Stone.
99. *A Pictorial History of American Labor* Cahn....
100. Brown Brothers, Sterling, Pennsylvania.
101. Brown Brothers, Sterling, Pennsylvania.
102. Courtesy of Ralph Fasanella.
103. Center for Migration Studies of New York.
104. The State Historical Society of Colorado, Denver, Colorado.
105. Passaic County Historical Society and Passaic County Board of Chosen Freeholders, Passaic, New Jersey.
106. The Balch Institute, Philadelphia.
107. Aldrich Public Library, Barre, Vermont.
108. Aldrich Public Library, Barre, Vermont.
109. Aldrich Public Library, Barre, Vermont.
110. The Archives of Labor History and Urban Affairs, Wayne State University, Detroit, Michigan. Photograph by Mary Heaton Vorse.
111. New York Public Library.
112. *New York Daily News*.
113. Print from an original drawing by Ben Shahn.
114. Boston *Globe*.
115. Center for Migration Studies of New York.
116. Center for Migration Studies of New York.
117. Cabrini College, Radnor, Pennsylvania.
118. Center for Migration Studies of New York.
119. Taken from *Gli Italiani negli Stati Uniti d'America*, with preface by Luigi Aldrovandi (Italian-American Directory Company, New York, 1906).
120. Center for Migration Studies of New York.
121. Washington County Historical Society, Fayetteville, Arkansas.
122. Jacob A. Riis Collection, Museum of the City of New York. Photograph by Jacob A. Riis.
123. General Archives of the Scalabrinian Congregation, Rome.
124. The Western Reserve Historical Society, Cleveland, Ohio.
125. General Archives of the Scalabrinian Congregation, Rome.
126. Center for Migration Studies of New York.
127. Taken from *The Catholic Church in the United States of America*, vol. 2 (New York, 1914).
128. Courtesy of Douglas Breen Saturno.
129. Center for Migration Studies of New York.

130. Centro Studi Emigrazione, Rome.
131. General Archives of the Scalabrinian Congregation, Rome.
132. Courtesy of Allen J. Bozeman.
133. The Western Reserve Historical Society, Cleveland, Ohio.
134. Courtesy of Mary Moresco.
135. Washington County Historical Society, Fayetteville, Arkansas.
136. Courtesy of Mrs. Charles Brocato. Copy at the Center for Migration Studies of New York. Photograph by Brocato.
137. Washington County Historical Society, Fayetteville, Arkansas.
138. Aldrich Public Library, Barre, Vermont.
139. Aldrich Public Library, Barre, Vermont.
140. Italian American Collection, San Francisco Public Library.
141. LaGuardia Memorial House, New York.
142. Source unknown.
143. *Italian Tribune News*, Newark, New Jersey.
144. Casa Italiana of Columbia University.
145. Courtesy of Trentino Marino.
146. Courtesy of Douglas Breen Saturno.
147. *Italian Tribune News*, Newark, New Jersey.
148. Courtesy of Trentino Marino.
149. Center for Migration Studies of New York.
150. *Italian Tribune News*, Newark, New Jersey.
151. Italian American Collection, San Francisco Public Library.
152. Center for Migration Studies of New York.
153. *Italian Tribune News*, Newark, New Jersey.
154. Taken from Baldo Aquilano, *L'Ordine dei Figli d'Italia in America* (New York, 1925).
155. Courtesy of Luciano Iorizzo.
156. Center for Migration Studies of New York.
157. Courtesy of Luciano Iorizzo.
158. Taken from *Gli Italiani negli Stati Uniti d'America*, with preface by Luigi Aldrovandi (Italian-American Directory Company, New York, 1906).
159. Centro Studi Emigrazione, Rome.
160. Jacob A. Riis Collection, Museum of the City of New York. Photograph by Jacob A. Riis.
161. Courtesy of Luciano Iorizzo.
162. Courtesy of the San Gennaro Napoli Society, New York.
163. Courtesy of Luciano Iorizzo.
164. Centro Studi Emigrazione, Rome.
165. Centro Studi Emigrazione, Rome.
166. University of Utah Library, Salt Lake City, Utah. Photograph by J.D. Sagris.
167. Taken from *Gli Italiani negli Stati Uniti d'America*, with preface by Luigi Aldrovandi (Italian-American Directory Company, New York, 1906).
168. Library of Congress.
169. Centro Studi Emigrazione, Rome.
170. Taken from *Gli Italiani negli Stati Uniti d'America* (New York, 1906).
171. Center for Migration Studies of New York.
172. Taken from *L'Opinione* (Memorial Issue), Philadelphia, 1906.
173. Center for Migration Studies of New York.
174. Taken from Alfonso Strafile, *Memorandum Coloniale* (Philadelphia, n.d.). Photograph by G. Calcara.
175. Courtesy of Carlo Rossi, S.J.
176. Taken from *Gli Italiani negli Stati Uniti d'America*, with preface by Luigi Aldrovandi (Italian-American Directory Company, New York, 1906).
177. Taken from *Italcable 1921-1981* (Fratelli Alinari, Florence, 1981).
178. Photographic archive of Paolo Cresci, Florence.
179. Taken from *Il Carroccio*, New York, July 1917.
180. *Italian Tribune News*, Newark, New Jersey.
181. The Balch Institute, Philadelphia.
182. Taken from *Il Carroccio*, New York, July 1917.
183. *Italian Tribune News*, Newark, New Jersey.
184. Taken from *Il Carroccio*, New York, 1917.
185. Taken from *Il Carroccio*, New York, 1918.
186. Courtesy of the Italian Welfare League.
187. Brown Brothers, Sterling, Pennsylvania.
188. Taken from *Il Carroccio*, New York, 1916.

Figure

189. Taken from Bil Baird, *The Art of the Puppet* (New York, 1973).
190. University of Utah Library, Salt Lake City, Utah.
191. *Italian Tribune News*, Newark, New Jersey.
192. Library of Congress. Photograph by Vachon.
193. Library of Congress. Photograph by Arthur Rothstein.
194. Courtesy of Mrs. Mary Wagner.
195. Courtesy of Howard Molisani.
196. New York Public Library.
197. Library of Congress.
198. Center for Migration Studies of New York.
199. Center for Migration Studies of New York.
200. Center for Migration Studies of New York.
201. Center for Migration Studies of New York.
202. New York Public Library. Photograph by Lewis W. Hine.
203. Courtesy of Antonio Quintieri.
204. Courtesy of Henry Borgianini.
205. Bank of America, Los Angeles, California.
206. Taken from *Bankitaly Life*, March, 1922.
207. Casa Italiana of Columbia University.
208. Center for Migration Studies of New York.
209. Music Division, New York Public Library at Lincoln Center, Astor, Lenox and Tilden Foundations.
210. Courtesy of Carlo Rossi, S.J.
211. Music Division, New York Public Library at Lincoln Center, Astor, Lenox and Tilden Foundations.
212. Music Division, New York Public Library at Lincoln Center, Astor, Lenox and Tilden Foundations.
213. Cosmo News Photo.
214. Music Division, New York Public Library at Lincoln Center, Astor, Lenox and Tilden Foundations.
215. Theatre Collection, New York Public Library at Lincoln Center, Astor, Lenox and Tilden Foundations.
216. Theatre Collection, New York Public Library at Lincoln Center, Astor, Lenox and Tilden Foundations.
217. *Italian Tribune News*, Newark, New Jersey.
218. Center for Migration Studies of New York.
219. Library of Congress.
220. Theatre Collection, New York Public Library at Lincoln Center, Astor, Lenox and Tilden Foundations.
221. Center for Migration Studies of New York.
222. *Italian Tribune News*, Newark, New Jersey.
223. Courtesy of Willie LaMorte.
224. Aldrich Public Library, Barre, Vermont.
225. Center for Migration Studies of New York.
226. Center for Migration Studies of New York.
227. *Italian Tribune News*, Newark, New Jersey.
228. Courtesy of T.J. Marino.
229. *Italian Tribune News*, Newark, New Jersey.
230. *Italian Tribune News*, Newark, New Jersey.
231. Theatre Collection, New York Public Library at Lincoln Center, Astor, Lenox and Tilden Foundations.
232. Center for Migration Studies of New York. Photograph by Scherer.
233. Tamiment Library, New York University.
234. Tamiment Library, New York University.
235. Taken from Roberto Gervaso, ed., *Illusione dolce chimera, storia, costume e malcostume dell'Italia in guerra (1940-1945)* (Rizzoli, Milan, 1984).
236. Tamiment Library, New York University.
237. Taken from *Storia Universale*, vol. 4 (Rizzoli/Larousse, 1973).
238. *Il Progresso Italo-Americano*, New York.
239. Tamiment Library, New York University.
240. Courtesy of Laura Tucci.
241. Library of Congress. Photograph by Majory Collins.
242 (a). Wide World Photos.
242 (b). Wide World Photos.
243. Library of Congress. Photograph by Majory Collins.
244. Museum of the City of New York. Photograph by Todd Webb.
245. Center for Migration Studies of New York. Photograph by Bernard Cole.
246. Center for Migration Studies of New York. Photograph by Bernard Cole.

Figure

247. Center for Migration Studies of New York. Photograph by Alexander Archer.
248. Center for Migration Studies of New York.
249. Utah State Historical Society, Salt Lake City, Utah.
250. American Committee on Italian Migration.
251. Center for Migration Studies of New York.
252. Courtesy of American Committee on Italian Migration. Photograph by Leon Trice.
253. Courtesy of the American Committee on Italian Migration.
254. Center for Migration Studies of New York.
255. New York Public Library at Lincoln Center, Astor, Lenox and Tilden Foundations.
256. New York Public Library at Lincoln Center, Astor, Lenox and Tilden Foundations.
257. *Italian Tribune News*, Newark, New Jersey.
258. Taken from *Red/White/Green Magazine* (Bensenville, Illinois), Spring, 1978.
259. United Press International.
260. *Italian Tribune News*, Newark, New Jersey.
261. United Press International.
262. Center for Migration Studies of New York.
263. United Press Photo, New York Bureau.
264. Center for Migration Studies of New York.
265. United Press International.
266. Courtesy of American Committee on Italian Migration.
267. San Francisco Public Library.
268. Center for Migration Studies of New York.
269. Nebraska State Historical Society.
270. Wide World Photos.
271. Courtesy of the American Committee on Italian Migration.
272. Courtesy of Ennio Are.
273. Center for Migration Studies of New York.
274. United Press International.
275. Photographic archive of *Italy Italy* magazine, Rome. Photograph by Rocco Spagnolo.
276. Photographic archive of *Italy Italy* magazine, Rome. Photograph by Rocco Spagnolo.
277. Center for Migration Studies of New York. Photograph by T.J. Marino.
278. Photograph by Herb Wiley.
279. Photograph by Ennio Are.
280. Center for Migration Studies of New York. Photograph by T.J. Marino.
281. Photograph by Eli Aaron.
282. Center for Migration Studies of New York. Photograph by T.J. Marino.
283. *Italian Tribune News*, Newark, New Jersey.
284. San Francisco Public Library.
285. Center for Migration Studies of New York. Photograph by T.J. Marino.
286. New York *Post* photograph, circa 1970, by Jerry Engel.
287. New York *Post* Photograph, circa 1970, by Louis Liotta.
288. Photoreporters. Photograph by Santi Visalli.
289. Hartford *Courant*. Photograph by Walter Karling.
290. Wide World Photos.
291. Courtesy of Frank Annunzio.
292. Courtesy of UNICO National.
293. Courtesy of Maggi International, Bethesda, Maryland.
294. Courtesy of John A. Volpe.
295. Center for Migration Studies of New York. Photograph by T.J. Marino.
296. Courtesy of Mary Sansone. Photograph by Albert J. Robbins.
297. Photograph by Michelangelo Danza.
298. *L'Agenda*, New York. Photograph by Rocco Galatioto.
299. Photograph by Michelangelo Danza.
300. United Press International.
301. Center for Migration Studies of New York. Photograph by T.J. Marino.
302. Wide World Photos.
303. *L'Agenda*, New York. Photograph by Rocco Galatioto.
304. Wide World Photos.
305. United Press International.
306. Courtesy of the National Italian American Foundation (NIAF), Washington, D.C.
307. Reprinted by permission from *Time*, the Weekly Newsmagazine. Copyright Time, Inc., 1974.

Figure

308. Courtesy of Edward D. Re.
309. Courtesy of Joseph J. Sisco. Photograph by Ann Stevens.
310. United Press International.
311. Courtesy of the NIAF, Washington, D.C.
312. *New York Times Magazine*, May 15, 1983.
313. Reprinted by permission from *Time*, the Weekly Newsmagazine. Copyright Time, Inc., 1986.
314. Photographic archive of *Italy Italy* magazine, Rome. Photograph by Rocco Spagnolo.
315. Reprinted by permission of *Identity* and Sam Sebastiani. Photograph by Frank Wing.
316. Reprinted by permission from *Time*, the Weekly Newsmagazine. Copyright Time, Inc., 1978.
317. Reprinted by permission from *Time*, the Weekly Newsmagazine. Copyright Time Inc., 1978.
318. Reprinted by permission from *Time*, the Weekly Newsmagazine. Copyright Time Inc., 1982.
319. Reprinted by permission from *Time*, the Weekly Newsmagazine. Copyright Time Inc., 1984.
320. Reprinted by permission from *Newsweek* magazine.
321. United Press International.
322. Photograph by Roger Ressmeyer.
323. United Press International.
324. Photographic archive of *Italy Italy* magazine, Rome. Photograph by Rocco Spagnolo.

Figure

325. Photographic archive of *Italy Italy* magazine, Rome. Photograph by Rocco Spagnolo.
326. Courtesy of the NIAF, Washington, D.C.
327. Photographic archive of *Italy Italy* magazine, Rome. Photograph by Rocco Spagnolo.
328. Courtesy of the NIAF, Washington, D.C.
329. Photographic archive of *Italy Italy* magazine, Rome. Photograph by Rocco Spagnolo.
330. Photographic archive of *Italy Italy* magazine, Rome. Photograph by Rocco Spagnolo.
331. Photographic archive of *Italy Italy* magazine, Rome. Photograph by Rocco Spagnolo.
332. Wheeler Pictures. Photograph by John Dominis.
333. Photographic archive of *Italy Italy* magazine, Rome. Photograph by Rocco Spagnolo.
334. Photographic archive of *Italy Italy* magazine, Rome. Photograph by Rocco Spagnolo.
335. Photograph by Richard Berenholtz.
336. Courtesy of Jeno F. Paulucci.
337. Photographic archive of *Italy Italy* magazine, Rome. Photograph by Rocco Spagnolo.
338. Photographic archive of *Italy Italy* magazine, Rome. Photograph by Rocco Spagnolo.
339. Courtesy of Betty Boyd Caroli.
340. Photographic archive of *Italy Italy* magazine, Rome. Photograph by Rocco Spagnolo.

INDICE - INDEX

O

P

R

S

T